*Victoria Moran*

# Streicheleinheit Essen

*Victoria Moran*

# Streicheleinheit Essen

Das Verwöhnbuch für Frauen

Vorwort von *Marilyn Diamond*,
Mitautorin des Buches
Fit fürs Leben

*»Um schädliche Lebensgewohnheiten aufzugeben,
müssen wir zu den eigentlichen Ursachen dieser Gewohnheiten gehen.
Das Buch von Victoria Moran zeigt uns, wie das geht.«*

*Dr. Dean Ornish*, Buchautor

fit fürs Leben Verlag

Die Studien und Erkenntnisse über die Anwendungen
in diesem Buch wurden sorgfältig recherchiert und nach
bestem Wissen und Gewissen wiedergegeben.
Alle Informationen ersetzen aber in keinem Fall ärztlichen
Rat und ärztliche Hilfe. Bei erkennbaren Krankheiten ist in
jedem Fall ein Arzt aufzusuchen. Der Verlag und die Autorin
übernehmen keinerlei Haftung für Schäden, die sich
durch Anwendung der dargestellten Behandlungsmethoden
oder Rezepturen ergeben und übernehmen auch keinerlei
Verantwortung für medizinische Forderungen.

Victoria Moran
Streicheleinheit Essen
Das Verwöhnbuch für Frauen
(gekürzte Fassung)

Titel der in den USA erschienenen Originalausgabe
»The love-powered diet: when will power is not enough«

1. Auflage 1997
Copyright by Fit fürs Leben-Verlag
in der Waldthausen GmbH & Co. KG
27718 Ritterhude

Titel: Peter Jaruschewski
Gestaltung: Martina Wessels
Lektorat: Britta Kurtz
Druck: typografia umbra

Dieses Buch wurde auf chlorfrei gebleichtem
Papier gedruckt.

ISBN 3-89526-009-6
Printed in Italy

# Inhaltsverzeichnis

fit fürs Leben

# Vorwort

von *Marilyn Diamond*

**D**ieses Buch kann Ihnen helfen, Ihr Leben zu verändern. Wenn Sie die hier vorgestellten Wege des inneren und äußeren Wandels kennengelernt haben, werden Sie Ihre Nahrung anders zubereiten und anders essen, und Sie werden sie in einem ganz neuen Licht sehen. Zudem vermittelt Ihnen das Buch Gelassenheit, Frieden und Freude, die Sie vielleicht nie zuvor gekannt haben. »Streicheleinheit Essen« beschreibt eine einfache, neue Lebensweise.

*Streicheleinheit Essen beschreibt eine einfache, neue Lebensweise*

Den Idealen und Lösungen, die *Victoria Moran* Ihnen in diesem Buch anbietet, habe ich nichts hinzuzufügen, denn sie sind großartig. Victoria hat es auf einfühlsame Weise geschafft, Ihnen eine höhere Bewußtseinsebene vorzustellen, aus der Sie persönlich Ihre Konsequenzen ziehen können. Ich rate Ihnen von ganzem Herzen und aus voller Überzeugung, dieses Buch zu lesen. *Victorias* Empfehlungen sind wirksam. Sie können Ihre Einstellung zum Leben so ändern, daß Sie Ihre gesamte Ernährungsweise ändern wollen.

Ich würde Sie gern mit meiner Freundin *Victoria* bekannt machen und etwas über meine Erfahrungen mit ihr berichten. Im Laufe der letzten paar Jahre ist sie für mich mehr als eine Freundin geworden. Ich zähle sie zu den Menschen, die mich in meinem Leben am meisten beeinflußt haben. Durch ihr Buch kann das gleiche auch Ihnen passieren.

Was weiß ich über *Victoria*? Sie hat es nicht immer leicht gehabt, und doch habe ich nie erlebt, daß sie nicht bereit gewesen wäre, etwas Neues zu lernen, um im Leben voranzukommen. Sie nimmt Herausforderungen an und gibt nicht auf, dennoch bleibt sie stets liebevoll. Diese Liebe steht im Mittelpunkt ihrer Botschaft.

Möchten Sie bedingungsloser Liebe begegnen? Wollen Sie wissen, wie Sie sich selbst und andere lieben können? In diesem Buch können Sie eine Menge darüber lernen. Vertrauen Sie darauf, Ihre Selbstzweifel und gesundheitlichen Beschwerden sowie Ihre überflüssigen Pfunde loszuwerden. Sie werden etwas sehr Wertvolles entdecken: Mitgefühl für sich selbst und alle Menschen – die Liebe zum Leben.

*Marilyn Diamond,* Sarasota, Florida

 fit fürs Leben

# Einleitung

Die Idee von »Streicheleinheit Essen« ist denkbar einfach. Sie besteht aus zwei Teilen:

1. Die Erfahrung der bedingungslosen Liebe kann Ihr Leben grundlegend ändern.
2. Zu einem inneren Wandel gehört die Fähigkeit, Lebensmittel liebevoll auszuwählen und sich mit ihnen zu verwöhnen.

Dieses Buch wendet sich an alle Menschen, die seit langem einen Kampf gegen Messer und Gabel führen. Die Grundsätze von »Streicheleinheit Essen« können jedoch jedem helfen, gesünder zu essen und glücklicher zu leben.

Sich mit Essen zu verwöhnen heißt, sich für natürliche Lebensmittel zu entscheiden, die die körperliche Gesundheit fördern und ungesunder Ernährung vorbeugen. Wenn Sie solche Lebensmittel auswählen, lieben Sie nicht nur sich selbst, sondern auch Tiere und die Umwelt.

*Lassen Sie sich vom Essen verwöhnen*

Die geistigen und körperlichen Aspekte von »Streicheleinheit Essen« sind untrennbar miteinander verbunden. Viele Menschen haben jedoch ihre Eßprobleme auf eine andere Weise überwunden, als ich sie vorschlage. Manche haben große Fortschritte gemacht, indem sie sich gesund ernährt haben, ohne sich um eine positivere innere Einstellung zu bemühen.

Dennoch: Wenn Sie Körper und Geist miteinander verbinden, sind Ihre Erfolgsaussichten am größten. Wer sein geistiges Leben vertieft, stellt sich oft auf eine natürlichere Ernährung um. Umgekehrt erwacht in jenen Menschen, die ihre Ernährungsweise verbessern - vor allem wenn sie Vegetarier werden - häufig der Wunsch, ihr geistiges Potential mehr zu nutzen.

Ich kann Ihnen nicht mit einem Zauberstab Energie ein-
flößen. Aber Sie werden denken, ich hätte es getan, wenn Sie
die Kraft in Ihrem Inneren entdecken, die Ihnen helfen kann,
Ihre Lebens- und Eßgewohnheiten zu ändern. Die Quelle dieser Kraft ist die Liebe. Stören Sie sich nicht an diesem allzu
häufig gebrauchten Wort. Die Liebe ist in Wirklichkeit eine
viel zu selten genutzte Energiequelle.

Liebe – selbst die Liebe zu einem Goldfisch oder einer Katze
– kann dem Leben Sinn geben. Und es läßt sich nicht bestrei-
ten, daß Liebe eine entscheidende Rolle beim Heilungspro-
zeß spielt. Mediziner wie *Bernie Siegel, Arnold Fox* und
*C. Norman Shealy* haben in zahlreichen Büchern nachgewiesen, daß Patienten, die gesund werden, sich in einem wesent-
lichen Punkt von den Kranken unterscheiden: Sie lieben sich
selbst und andere, und sie sind bereit, von anderen Liebe zu
empfangen. Wenn Patienten sich der Liebe öffnen, können
sie körperliche und emotionale Veränderungen erleben, die
ihnen fast wie ein Wunder vorkommen.

**Liebe kann die
Einstellung zum Essen
ändern**

Liebe vermag auch Ihre Einstellung zum Essen zu verändern.
Wenn Sie mit Eßsucht oder Übergewicht zu kämpfen haben,
mit »chronischer Diätsucht«, Bulimie oder zwanghaftem Bewegungsdrang, dann wissen Sie vielleicht, daß Sie nicht essen, um den Magen zu füllen, sondern Sie essen, um die Leere in Ihrer Seele zu vertreiben.

Soviel Nahrung gibt es auf der ganzen Welt nicht, um diese innere Leere zu füllen. Aber wenn Sie sich mit der Liebe ver-
bünden, werden Sie ein angenehmes Gefühl der Befriedi-
gung verspüren. Sie werden merken, daß Sie selbst sich genug sind. Sie sind attraktiv genug! Sie sind liebenswert genug! Und für den heutigen Tag – sind Sie auch schlank genug!

Wenn die Liebe Ihre Leere füllt und alle Teile Ihrer Persönlichkeit integriert, brauchen Sie keinen Schrank mehr, in dem Kleider von Größe 38 bis 44 hängen. Sie brauchen nicht mehr jeden Montag mit einer neuen Diät anzufangen, die Sie am Dienstagmittag wieder aufgeben. Sie können aufhören, Ihr Geld für Pillen, Mixturen und Versprechen aller Art auszugeben. Die Liebe, von der ich hier spreche, hält ihr Wort ebenso gewiß wie die Sonne jeden Morgen aufgeht. Ohne diese Liebe nehmen Sie nur vorübergehend ab. Sie werden mir zustimmen, denn Sie haben schon einige Male ab- und wieder zugenommen. Lernen Sie, Ihren Körper zu lieben und zu verwöhnen, anstatt immer wieder eine »erfolgreiche Diät« zu starten, nach kurzer Zeit aufzuhören und sich selbst dafür zu verachten. Solche Erlebnisse rauben Ihnen den Mut. Lassen Sie diese Vergangenheit ruhen – Sie haben Besseres verdient.

*Lernen Sie, Ihren Körper zu lieben und zu verwöhnen, anstatt immer wieder neue Diäten auszuprobieren*

Die Ernährungsweise, die ich Ihnen hier vorstellen will, spiegelt die Empfehlungen der amerikanischen Herzgesellschaft, der amerikanischen Krebsgesellschaft und praktisch aller internationalen seriösen Studien über die Ernährung des Menschen der vergangenen zwanzig Jahre wider, das heißt, Ihre Kost wird fettarm, aber kohlenhydrat- und ballaststoffreich sein. Saftige Früchte, buntes Gemüse, herzhafte Vollkornprodukte und Hülsenfrüchte stillen den Hunger und beugen Essensexzessen vor. Mit diesen Lebensmitteln als Grundlage Ihrer Ernährung können Sie alles essen, was Sie wollen – denn Sie wollen genau das, was Sie wirklich brauchen. Die Gewichtsabnahme setzt dann wie von selbst ein, und Sie können Ihr Normalgewicht halten, ohne sich groß darum kümmern zu müssen. Sie brauchen Ihr Gewicht nicht mehr zu beobachten, und Sie können beginnen, dem Leben die schönen Seiten abzugewinnen.

Wer aus Unzufriedenheit ißt, bei dem scheitern oft Diäten. Anstatt Sie zum Leben zu führen, trennen sie Sie von ihm –

**13**

und Sie bleiben allein mit Ihrem Mixer, Ihrer Waage und Ihrem Ernährungstagebuch. Wenn Sie sich dagegen mit Liebe ernähren, werden Sie auch viel mehr lieben können und das Leben genießen.

**Harmonie hilft Ihnen, mit sich liebevoller umzugehen**

Diese Harmonie ist unerläßlich, wenn Sie dauerhafte Veränderungen anstreben, einerlei, ob Sie eine chronische Eßsucht überwinden, überflüssige zehn Pfunde loswerden, zum erstenmal seit Ihrer Pubertät mit dem Diätfimmel aufhören oder einfach nur ein wenig gesünder essen wollen als bisher. Ohne die beiden Übel des zwanghaften Essens und der fanatischen Überwachung des Gewichts ist das Leben einfach wundervoll. Die Gesundheit des Körpers und der Frieden der Seele sind ebenfalls unbezahlbar. Um Ihnen dazu zu verhelfen, möchte ich Ihnen »Streicheleinheit Essen« vorstellen. Sie können lernen, Ihre Einstellung zum Essen zu ändern. Sie müssen nur daran glauben.

# I. Körper und Geist gehören zusammen

Ihr Gewicht mag ein Problem für Sie sein, aber es ist nicht das eigentliche Problem. Es ist ein Symptom. Sie können das Symptom loswerden, doch das Problem bleibt bestehen. Dünn zu werden ist keine Heilung. Wenn Sie sich dagegen um die Ursache Ihres Übergewichts kümmern, wird Ihr Körper bald ein Wohlbefinden, eine Harmonie und eine Schönheit ausstrahlen, die weit über Ihre gute Figur in kurzen Hosen hinausgehen.

Dieses kleine Diagramm macht die Angelegenheit verständlicher. Wir haben es mit einem Zyklus zu tun. Er beginnt mit inneren Problemen. Das ist ein Sammelbegriff für Angst und Unzufriedenheit, Streß und ein gestörtes Selbstbild, Belastungen, die zum Teil noch aus der Kindheit stammen, und einem harmonischen Leben im Weg stehen. Die Folge innerer Probleme können verschiedene falsche und selbstschädigende Verhaltensweisen sein. Hier befassen wir uns mit ungesundem Eßverhalten. Sein Symptom ist meist Übergewicht.

Übergewicht ➝ Innere Probleme ➝ ungesunde Eßgewohnheiten ➝

*Ungesundes Eßverhalten hat häufig Übergewicht zur Folge*

Üblicherweise richten wir uns nach dem Offenkundigen: dem Gewicht. Warum auch nicht? Wir können es sehen. Wir können es sogar messen. Doch wenn es verschwunden ist (mit Hilfe von Diäten, Pillen, Sport usw.), bleibt das innere Problem oft aktiv, und die Folge sind neue Anfälle von Heißhunger. Solange das eigentliche Problem ungelöst bleibt, sind sogar Diäten ungesund – sie führen letztlich dazu, daß wir das verlorene Gewicht wieder zulegen oder das Thema variieren und an Bulimie erkranken.

Das soll nicht heißen, daß Übergewicht keine körperlichen Ursachen haben kann. Fabrikzucker und fette, gesalzene Im-

bisse machen manche Menschen tatsächlich süchtig und übergewichtig (darüber mehr im Kapitel 3, wo wir über solche Nahrungsmittel sprechen). Zu fettreiches Essen kann zu Fettpolstern am Körper führen, und Bewegungsmangel kann die Stoffwechselrate senken und die Fettspeicherung fördern. Auch Diäten sind eine Mitursache: *»Der Körper kann Diäten nicht vom Hunger unterscheiden ... Er veranlaßt uns zu schlemmen, um für künftige Notzeiten vorzusorgen.«*[1]

*Legen Sie bei jeder Mahlzeit zwischen den einzelnen Bissen die Gabel aus der Hand*

Diese körperlichen Phänomene sind in den letzten Jahren allgemein bekannt geworden. Aber daß wir sie kennen, heißt offensichtlich nicht, daß wir etwas dagegen tun. Bei vielen Menschen - vielleicht gehören Sie dazu - blockieren innere Probleme jeden Versuch, das, was sie über richtige Ernährung und gesunde Lebensweise wissen, in die Tat umzusetzen.

Manche Menschen haben jedoch erkannt, daß es hoffnungslos ist, gegen Übergewicht anzukämpfen, und sie haben alternative Pläne entworfen, die sich auf das Eßverhalten selbst konzentrieren. Ihre Strategie ist also die Verhaltensänderung - zum Beispiel dadurch, daß wir häppchenweise essen und zwischen jedem Bissen die Gabel weglegen oder die Gabel gar nicht erst in die Hand nehmen und statt dessen mit Stäbchen essen. Dahinter steckt die Idee, alte Gewohnheiten durch neue zu ersetzen, beispielsweise, indem wir nicht mehr allein essen oder nach sieben Uhr abends nichts mehr zu uns nehmen. Diese Methoden können nützlich sein, doch langfristig scheitern sie meist. Warum? **Weil wir letztlich selbst die Quelle unseres Tuns sind, und solange wir uns nicht ändern, ändert sich unser Tun nicht.**

[1] Dr. Neal D. Barnard, *»The Power of Your Plate«* (Die Macht Ihres Tellers)

Wenn wir uns dagegen mit dem inneren Problem befassen, verlieren sowohl die schädlichen Eßgewohnheiten als auch ihre Folge – das Übergewicht – ihre Grundlage, und es ereignet sich ein kleines Wunder nach dem anderen. Wir essen kleinere Portionen. Wir klammern uns nicht mehr so heftig an die Gabel, als wäre sie unsere einzige Hoffnung. Wir atmen freier. Die Kleider sitzen lockerer. Und obwohl es gar nicht unsere Absicht war, wird unser Leben besser, weil unser neues Verhalten entschieden besser ist.

## Den Eßproblemen mit Liebe begegnen

Es gibt gesunde und ungesunde Nahrungsmittel, so wie es eine gesunde und eine ungesunde Lebensweise gibt. Nur wenn wir das innere Problem lösen, sind wir wirklich in der Lage, unser Essen auszuwählen. Andernfalls wählt das Essen uns aus. Wenn wir uns falsch ernähren oder zuviel essen (oder ungesunde Dinge zu uns nehmen), damit wir uns besser fühlen, dann vermissen wir etwas im Leben. Wir empfinden eine innere Leere, auch wenn es so scheint, daß äußerliche Dinge diese Leere füllen könnten: die richtige Arbeit, der richtige Mann, der richtige Körper, die richtigen Erinnerungen. Wenn wir die Ernährung unseres Körpers erfolgreich und dauerhaft ändern wollen, müssen wir lernen, die Energie unserer Seele zu nutzen.

*Wenn wir uns falsch ernähren oder zuviel essen, damit wir uns besser fühlen, dann vermissen wir etwas im Leben*

Was andere Menschen von uns sehen, unser körperliches Selbst, ist nur die äußere Hülle unseres Wesens. Unterhalb der Oberfläche existiert noch viel mehr. Wir sind Geschöpfe mit vielfältigen Gefühlen und einem vielschichtigen Intellekt, und die Grundlage unseres Herzens, unserer Seele und unseres Körpers ist ein geistiges Potential.

**17**

Eßprobleme sind ein seelischer Hunger, den wir nur mit seelischer Nahrung stillen können. Die Seele können wir aber nur mit Liebe speisen. Echte Liebe ist immer gut – Liebe, die Sie von der Familie, von Freunden, selbst von Haustieren empfangen, und die Sie selber geben. Diese Liebe ist bereits in Ihnen. Sie hört niemals auf, darum müssen Sie nicht befürchten, sie zu verlieren.

> *Echte Liebe ist immer gut – Liebe, die Sie von der Familie, von Freunden, selbst von Haustieren empfangen, und die Sie selber geben*

Sobald Sie auch an diese Liebe glauben, wollen Sie die Prinzipien, die Sie in diesem Buch lernen, unbedingt in die Tat umsetzen. Die ersten lauten:

1. Akzeptieren Sie die Tatsache, daß Ihr Eßproblem ernst ist und daß Sie es nicht allein lösen können.
2. Seien Sie aufgeschlossen gegenüber dem Gedanken, daß Sie eine innere Energie besitzen, die Ihnen helfen kann.
3. Erlauben Sie dieser geistigen Energie, in Ihrem Leben Wunder zu wirken.

## Ein Abenteuer fürs Leben

Eine innere geistige oder seelische Kraft zu nutzen, ist ein Abenteuer, das Sie ein Leben lang in Anspruch nehmen kann. Beginnen Sie noch heute damit, und tun Sie einen Monat lang jeden Tag folgendes:

1. Jeden Morgen, bevor Sie aufstehen, bitten Sie um Unterstützung, an diesem Tag vernünftig zu essen. Abends bedanken Sie sich, auch wenn es Ihnen nicht vollkommen gelungen ist.
2. Wenn Sie vor einem Spiegel stehen, um sich zu waschen, blicken Sie sich in die Augen und sagen: »*Ich liebe dich so, wie du bist.*« Sie brauchen es nicht zu glauben. Tun Sie es einfach.
3. Ziehen Sie sich jeden Tag ein wenig in die Stille zurück, mindestens zehn Minuten lang. Wenn Sie diese Zeit nur in

der Badewanne haben – ausgezeichnet. Lesen Sie in diesen ruhigen Minuten in Ihrem »Verwöhnbuch«.

4. Verzichten Sie auf Diäten. Nehmen Sie sich statt dessen vor, jeweils einen Tag nicht aus Heißhunger zu essen. Nehmen Sie täglich drei vernünftige Mahlzeiten zu sich. Wenn Sie wirklich hungrig sind, essen Sie ein wenig Obst.

*Ein leckeres, gesundes Frühstück in ruhiger Atmosphäre ist der beste Start in einen erfolgreichen Tag*

5. Tun Sie heute etwas, was Sie tun »müssen« (zur Arbeit gehen, Haushalt) und etwas, was Ihnen einfach nur Freude macht (nehmen Sie ein Schaumbad oder führen Sie ein Ferngespräch mit einer Freundin). Seien Sie nicht überrascht, wenn Sie die Arbeit leichter genießen können als die Muße.

6. Verschaffen Sie sich Unterstützung. Lesen Sie zumindest dieses Buch mit einem Freund, und helfen Sie sich dann gegenseitig. Sie können sich auch einer Selbsthilfegruppe anschließen.

Wenn Sie sich jetzt überfordert fühlen, entspannen Sie sich. Sie befinden sich nicht in einem Wettkampf, und Sie sollen hier nicht die »Beste« sein. Vielleicht ist vieles, was Sie bis jetzt gelesen haben, neu für Sie. Nehmen Sie sich Zeit, diese Ideen zu verdauen, und lesen Sie dieses Kapitel ruhig mehrmals, bevor Sie sich dem nächsten zuwenden.

## Negativ-Tage

Haben Sie manchmal Negativ-Tage? An solchen Tagen fühlen Sie sich einfach dick, unabhängig von Ihrem Gewicht. Das kann daran liegen, daß Sie ein bißchen zuviel essen (vielleicht nur in Ihrer Vorstellung). Schuld können auch scheinbar unwichtige Dinge sein, zum Beispiel fettiges Haar oder ein Streit mit einer Freundin. Die Einstellung zum Gewicht und zum eigenen Körper ist immer subjektiv. Ein extremes, aber vielsagendes Beispiel ist die Anorexie (Magersucht). Ich habe in Krankenhäusern Patienten gesehen, die furchtbar abgezehrt waren und sich dennoch für zu dick hielten. Für sie war jeder Tag ein Negativ-Tag, obwohl sie buchstäblich vom Hungertod bedroht waren.

Während die Anorexie ein Fall für den Psychiater ist, kommt ein gestörtes Verhältnis zum eigenen Körper so häufig vor, daß es allgemein akzeptiert wird. Es »ist eben so«. Negativ-Tage sind jedoch ebenfalls ein Problem, weil Sie sich an diesen Tagen gewöhnlich weniger lieben, als Sie es verdienen. Sie sind jeden Tag liebenswert. Sie können sich nicht zwingen, das zu glauben, aber Sie können daran arbeiten. Das ist ein geistiger Prozeß, der sich tief in Ihrem Inneren abspielt.

*Zur geistigen Genesung gehört, daß Sie sich um Ihren Körper kümmern. Warten Sie nicht, bis Sie Ihr »Traumgewicht« erreicht haben*

Zur geistigen Genesung gehört, daß Sie sich um Ihren Körper kümmern. Warten Sie nicht solange, bis Sie irgendein willkürliches Zielgewicht erreicht haben. Fangen Sie heute damit an. Wenn Ihre Vorstellungskraft Ihnen Negativ-Tage bescheren kann, ist sie auch imstande, Ihnen attraktive und gesunde Tage zu schenken. Im Laufe der Zeit wird Ihr physischer Körper Ihre innere Einstellung verwirklichen. Da der Körper physikalischen Gesetzen unterworfen ist, benötigt er einige Zeit, um seine Form zu ändern. Aber Sie müssen nicht abwarten, um einen glücklichen, gesunden Tag zu erleben. Genießen Sie ihn.

# Revolutionäre Gedanken

- So, wie Sie jetzt sind, sind Sie liebenswert, unabhängig davon, was Sie gestern gegessen haben oder was die Waage Ihnen angezeigt hat.

- Eßprobleme sind ein Zeichen für ein inneres Ungleichgewicht. Um sie zu besiegen, müssen Sie also Ihre Einstellung ändern.

- Sie besitzen eine individuelle Persönlichkeit. Sie brauchen nicht die Identität anderer zu übernehmen.

- Sie sind ein geistiges und seelisches Wesen in einem physischen Körper. Ihr Körper ist ein integraler Bestandteil Ihres ganzen Wesens.

- Ihr Körper ist nicht von Ihrer Persönlichkeit losgelöst. Er spiegelt wider, was in Ihnen vorgeht – in emotionaler, geistiger und seelischer Hinsicht.

- Fühlen Sie sich jetzt schön! Wenn Sie damit warten, bis Sie schlank sind, müssen Sie womöglich lange warten.

- Ihr Körper ist nicht Ihr Feind. Sie bilden mit ihm eine Einheit. Wenn Sie Ihrem Körper etwas Gutes tun, tun Sie sich selbst etwas Gutes.

- Sie sind kein schlechter Mensch, wenn Sie Probleme mit dem Essen haben.

- Sie müssen nicht vollkommen sein, um sich wohl zu fühlen, und es ist sogar normal, wenn Sie ein wenig unsicher sind.

- Probieren Sie neue Ideen aus. Wenn Ihnen der Gedanke an eine geistige Lösung Ihres Eßproblems unlogisch vorkommt, betrachten Sie ihn als eine Möglichkeit.

*Betrachten Sie Ihren Körper als Ihren Freund, der Ihre Liebe und Aufmerksamkeit braucht*

Diese revolutionären Gedanken dienen nicht dazu, Ihnen kluge Ratschläge zu erteilen. Sie sind für »Anfänger« die Grundlage, auf der sie ihr Verhältnis zu ihrem Körper und zu dessen Ernährung neu gestalten können. Lesen Sie diese Gedanken einen Monat lang jeden Morgen und jeden Abend, und achten Sie besonders auf jene Passagen, die Ihnen vielleicht nicht so gefallen. Es kann sein, daß diese Gedanken auf Sie nicht zutreffen, möglicherweise handelt es sich jedoch genau um die Gedanken, die Ihnen bei Ihrer Genesung am meisten helfen können.

# 2. Zurück zum Nullpunkt

Jeder Mensch besitzt in seinem Innersten einen Nullpunkt. Am Nullpunkt sind Sie frei und unbelastet, und Ihnen stehen alle Wege offen. Ihre Ernährungsprobleme können Sie jedoch daran hindern, diesen Punkt zu erreichen.

Gesunde Menschen begegnen jedem neuen Tag, jedem neuen Problem und jedem neuen Projekt an Ihrem ausgeglichenen Nullpunkt. Da sie sich selbst mögen, sind sie mit ihrem Leben zufrieden und werden kaum nach etwas süchtig. Sie sind nicht vollkommen und brauchen es nicht zu sein, aber sie fühlen sich in ihrer Haut und in ihrer Umwelt wohl. Wenn sie Schwierigkeiten haben, sind sie imstande, sich Hilfe zu holen und die Hilfe zu nutzen. Sie erholen sich gut von Rückschlägen, und selbst wenn sie vieles im Leben verlieren, geben sie die Hoffnung nie auf. Am Nullpunkt gibt es immer Hoffnung, lohnende Herausforderungen und ein unbegrenztes Potential.

Wie Sie auf der folgenden Abbildung sehen, ist der »Nullpunkt« eine Art alchemistische Kreuzung, an der die alten, belastenden Einstellungen in goldene Tugenden umgewandelt werden. Eßstörungen gibt es dann nicht mehr. Sie nehmen das Leben so, wie es ist. Sie sind Teilnehmer am Leben, nicht bloß Zuschauer. Furcht wird in heilende, bedingungslose Liebe umgewandelt, die Ihnen Geborgenheit gibt. Diese Liebe bildet die Grundlage für das bestmögliche Verhältnis zu sich selbst, zu anderen Menschen und zu den unzähligen Dingen, mit denen Sie im Leben beschäftigt sind – Ihre Arbeit, Ihre Interessen, Ihre Finanzen, Ihr Essen. Wenn Sie das beseitigen, was zwischen Ihnen und dem Nullpunkt steht, können Sie diese Liebe, die eigentlich immer verfügbar war, leichter als bisher für sich nutzen.

Die Denk- und Verhaltensmuster, die Sie unterhalb des Nullpunktes sehen, gehen auf Furcht zurück und führen Sie weg

*Jeder Mensch besitzt einen »Nullpunkt« in sich, an dem er sich frei und ausgeglichen fühlt*

**23**

von der Selbstliebe und der Selbstfürsorge. Sie sind deswegen kein schlechter Mensch, falls diese Muster Ihnen vertraut sein sollten, aber es sind Gedanken und Handlungen, die Ihnen nicht geben, was Sie sich vom Leben erhoffen. Es sind Schutzmechanismen, die Ihnen jedoch mehr schaden als nützen.

*Wer Essen oder Übergewicht zwischen sich und das Leben schiebt, entfernt sich vom Nullpunkt*

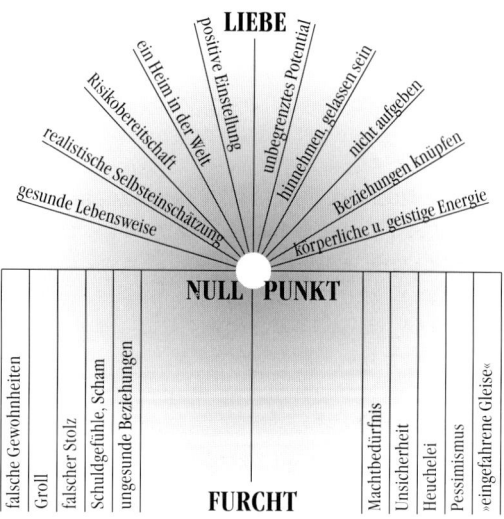

**LIEBE**

positive Einstellung
ein Heim in der Welt
unbegrenztes Potential
hinnehmen, gelassen sein
nicht aufgeben
Risikobereitschaft
Beziehungen knüpfen
realistische Selbsteinschätzung
körperliche u. geistige Energie
gesunde Lebensweise

**NULL PUNKT**

falsche Gewohnheiten
Groll
falscher Stolz
Schuldgefühle, Scham
ungesunde Beziehungen
Machtbedürfnis
Unsicherheit
Heuchelei
Pessimismus
»eingefahrene Gleise«

**FURCHT**

Essen oder Übergewicht als Puffer zwischen sich selbst und dem Leben zu schieben, ist eine Möglichkeit, an alten selbstschädigenden Verhaltens- und Denkmustern festzuhalten und unterhalb des Nullpunktes zu bleiben.

Möglicherweise sind Sie es leid, nach einem unsichtbaren Ziel zu streben oder sich nach unerreichbaren Normen zu richten. Aber wenn Sie immer noch so essen, daß Sie sich unbehaglich fühlen (oder wenn Sie fürchten, daß Sie es wieder tun wer-

den), haben Sie noch eine gewisse Strecke bis zur Freiheit des Nullpunktes vor sich.

Ihr Ziel besteht also darin, von Ihrer jetzigen Ausgangsposition zum Punkt Null zu gelangen. Eigentlich ist das nicht weit – es sind nur etwa 60 Zentimeter, die Entfernung vom Kopf zum Herzen. Für Ihr Bewußtsein kann es allerdings die bedeutsamste und faszinierendste Reise Ihres Lebens sein. Allein oder durch bloße Willenskraft schaffen Sie das nicht. Sie müssen sich mit der Rolle des Passagiers begnügen, denn die Liebe wird der Fahrer sein. Sie brauchen nur einzusteigen.

Sie haben die Reise zum Nullpunkt im vorigen Kapitel angetreten, als Sie einsahen, daß Sie Ihr Eßproblem nicht allein lösen können und daß Ihre innere Kraft Ihnen helfen kann. Sie werden den Nullpunkt erreichen, wenn Sie mit der Vergangenheit ins Reine kommen und lernen, furchtlos und produktiv in der Gegenwart zu leben. Welche Aufgabe fällt Ihnen in diesem Prozeß zu?

- Seien Sie ehrlicher als bisher.
- Verschieben Sie Ihre Eßgelüste.
- Lernen Sie, Ihre Gefühle zu akzeptieren.
- Schließen Sie Frieden mit der Vergangenheit und mit anderen.

*Schließen Sie Frieden mit der Vergangenheit und mit anderen*

Dahinter stecken geistige Wahrheiten, die unser Leben mit der Zeit verbessern können. Da Fabeln gut geeignet sind, etwas zu verdeutlichen, werde ich einige der vier Wege zum Nullpunkt mit einer Geschichte einleiten.

**25**

## Essen und Ehrlichkeit

*Einmal lebte ein Schamane, der überall berühmt war, weil er Kranke auf wundersame Weise heilte. Die Menschen waren erstaunt über die Wunder, die er vollbrachte, und überlegten, welches sein Geheimnis sei. »Er wird so winzig wie ein Mücke«, meinte einer, »und schlüpft in den kranken Leib. Er schaut nach, was dort nicht hingehört, und frißt es auf.«»Nein«, widersprach ein anderer, »er wird so hoch wie der Himmel und hebt den Kranken zu den Göttern hinauf. Sie heilen ihn mit ihrer Magie.« Der Schamane hatte dieses Gespräch zufällig gehört und unterbrach die Leute sanft: »Ich bin weder größer noch kleiner als ihr, meine Freunde. Und die Heilungen haben nichts mit Magie zu tun. Ich habe einfach so lange Zeit die Wahrheit gesagt, daß meine Worte nicht falsch sein können. Wenn ich sage, daß jemand gesund ist, kann er nichts anderes sein.«*

*Eßprobleme lassen uns auf schleichende Weise unehrlich werden*

Die meisten Menschen halten sich nicht gerade für Lügner, doch entschiedene Ehrlichkeit ist heute so selten, daß »kleine« Schwindeleien als akzeptabel und sogar nützlich gelten. Ein Kellner vergißt die Rechnung für das Essen, und der Gast macht ihn nicht darauf aufmerksam, ein sechsjähriges Kind wird als fünfjährig ausgegeben, damit es irgendwo freien Eintritt bekommt oder umsonst im Bus fahren darf. Die einzelnen Vorfälle sind scheinbar unbedeutend, doch sie spiegeln eine um sich greifende Mißachtung der Ehrlichkeit wider. Es ist noch nicht lange her, als der Satz »Ich gebe dir mein Wort« so gut wie eine Bürgschaft war – aber das ist nicht mehr der Fall. Die Folge ist, daß es den Menschen schwerfällt, einander zu trauen. Schlimmer noch: Wir sind uns oft nicht sicher, ob wir uns selbst trauen können.

Sucht macht unehrlich, meist auf subtile Weise: *»Ich habe heute abend wirklich nicht viel gegessen«* (aber Sie haben

alle Reste vertilgt); *»Mir hat einfach nichts gefallen«* (kein Kleid hat Ihnen gepaßt); *»Ich glaube, ich bleibe heute zu Hause und arbeite ein bißchen«* (weil Sie ungestört schlemmen wollen).

Ihre Eßgewohnheiten bieten Ihnen eine ausgezeichnete Möglichkeit, Ihre Ehrlichkeit zu üben – auch wenn Sie davor wahrscheinlich am meisten Angst haben. Seien Sie zunächst ehrlich zu sich selbst, wenn es darum geht, was Sie in den Mund stecken. Wenn Sie etwas schnell essen und die Verpackung sofort wegwerfen oder wenn niemand Sie beobachtet, so bedeutet das nicht, daß sie nichts gegessen haben. Haben Sie wirklich »ein paar Kartoffelchips« gegessen, oder war es die ganze Tüte? Wenn es die ganze Tüte war, geben Sie es zu. Sie können die Realität nicht dadurch ändern, daß Sie sie leugnen, aber Unehrlichkeit führt zu gefährlichen Selbsttäuschungen.

Und wenn Sie schon einmal dabei sind: Es kann nicht schaden, wenn Sie auch hinsichtlich Ihres Gewichts ehrlich sind. Das Gewicht ist in mancherlei Hinsicht eine unzuverlässige Größe. Es kann von einem Tag zum anderen schwanken, und Waagen weichen voneinander ab. Aber eines ist sicher: Sie wissen ziemlich genau, wieviel Sie wiegen.

Wenn Ihre persönliche Ethik verlangt, die Wahrheit zu sagen, machen Sie erstaunliche Fortschritte im Leben. Stellen Sie sich auf die Probe: Verpflichten Sie sich selbst zu einem Tag völliger Ehrlichkeit und beobachten Sie, wieviel leichter es ist, vernünftig zu essen. Und ich wage zu behaupten, daß Sie an diesem Tag viel zufriedener zu Bett gehen.

Vertrauenswürdige Freunde oder Angehörige können bei Ihrem Experiment mit der Ehrlichkeit von enormer Hilfe sein. Es kann sich um jene Menschen handeln, die Ihnen am

*Beim Chips- oder Schokoladenaschen ist es natürlich ganz besonders schwer, ehrlich zuzugeben, wieviel man gegessen hat*

**27**

nächsten stehen, obwohl es manchmal leichter ist, ehrlich zu jenen zu sein, die uns nicht viel bedeuten. Auf jeden Fall sollten Sie aber zu einem Menschen auf dieser Welt absolut ehrlich sein und regelmäßig mit ihm über Ihre Probleme sprechen.

*Wenn Liebe die Grundlage der Ehrlichkeit ist, können Sie ehrlich und freundlich zugleich sein*

Langfristig fühlen Sie sich ohnehin nicht wohl, wenn Sie unehrlich sind. Das heißt nicht, daß Sie grob zu anderen sein sollen. »Zu ehrlich« nennt man Leute, die gern kritisieren. Wenn Liebe die Grundlage der Ehrlichkeit ist, können Sie ehrlich und freundlich zugleich sein, und Sie wissen auch, wann es am besten ist, den Mund zu halten. Diese Intuition ist die Folge Ihrer Wahrheitsliebe. Wenn diese Liebe wächst, kommt Ihr wahres Selbst zum Vorschein, jenes Selbst, das sich gesund und glücklich am Nullpunkt befindet.

## Verschieben Sie Ihre Eßgelüste

Am Anfang kann es sein, daß Sie ziemlich oft den Wunsch verspüren, ungesund zu essen, vor allem in Situationen wie den folgenden:

- Es ist elf Uhr morgens. Sie haben im Büro gegessen. Der Chef hat Ihnen aufgetragen, einen Bericht zu überarbeiten, für den Sie eine ganze Woche gebraucht haben. Die Mittagspause ist erst in einer Stunde, aber sie verspüren plötzlich einen unheimlichen Heißhunger.
- Sie liegen mit einer Erkältung im Bett. Sie haben soeben ausgiebig zu Mittag gegessen, aber es schmeckte nach nichts. Und niemand ist da, der sich um Sie kümmert. Eine Kleinigkeit würde Ihnen bestimmt helfen – ein süßes oder salziges Häppchen.
- Sie haben aufgehört zu rauchen, aber Sie vermissen die angenehme Pause nach dem Essen, die eine Zigarette Ih-

nen verschaffte. Also behelfen Sie sich mit zusätzlichen Portionen und einem zweiten Nachtisch.

- Es hilft alles nichts: heute ist Putztag. Sie haben gefrühstückt und sich über das Badezimmer hergemacht. Mit dem Waschbecken und der Wanne sind Sie fertig – aber da ist noch der Fußboden. Sie hassen es, Böden zu schrubben. Ein guter Grund für einen Imbiß.
- Der Musikunterricht Ihres Sohnes dauert eine Stunde. Es ist nicht Essenszeit, und Sie sind eigentlich nicht hungrig. Aber Sie wissen nicht, wie Sie die Zeit bis zum Abholen überbrücken sollen, also gehen Sie essen.
- Ihr Mann hat gestern abend Kekse mitgebracht, die gute Sorte. Im Grunde Ihres Herzens wissen Sie, daß Sie die ganze Packung essen, wenn Sie einen essen. Aber Sie fangen trotzdem an.

Auch nachdem Ihnen die Prinzipien von »Streicheleinheit Essen« zur Gewohnheit geworden sind, können diese Situationen eintreten, aber Sie werden fast nie den Drang verspüren, ihnen mit Essen zu begegnen. Sollte der Heißhunger sich dennoch einstellen, ist die »Verschiebetechnik« von unschätzbarem Wert. Fangen Sie mit einer 24-Stunden-Lösung an. Heute ist der Tag, um den es geht. Vielleicht müssen Sie den Zeitraum verringern und sich vornehmen, zwei Stunden oder eine Stunde oder fünfzehn Minuten lang nicht Ihrer Gier nachzugeben.

Und wozu ist das gut? Erstens handelt es sich möglicherweise nur um eine physiologische Reaktionszeit, wenn Sie nach einer Mahlzeit noch Appetit haben. Es dauert etwa zwanzig Minuten, bis das Sättigungszentrum im Gehirn merkt, daß Sie genug haben. Wenn Sie diese Zeitspanne verstreichen lassen, müßte ihr Bedürfnis nach mehr Essen vorbei sein. Außerdem können Sie diese Wartezeit nutzen, um sich zu sammeln. Das ist besonders dann wichtig, wenn Sie eher aus emotionalen

als aus körperlichen Gründen essen wollen - selbst wenn Sie beides nicht unterscheiden können.

Sich sammeln heißt, den Ruhepunkt in sich selbst finden. Er ist da. Er ist auch jetzt da, selbst wenn Sie dieses Buch in der rechten und einen Schokoriegel in der linken Hand halten. Es gibt viele Beruhigungstechniken, zum Beispiel autogenes Training und Meditation, die Sie in diesen seelischen Zustand bringen können.

*Nehmen Sie sich etwas Schönes vor, wenn die Eßlust Sie packt*

Eßattacken können Sie auch dadurch überwinden, daß Sie sich einer harmlosen Tätigkeit widmen, die Ihnen Spaß macht. Es ist sinnvoll, eine Liste zusammenzustellen, auf der alles vermerkt ist, was Sie gern tun oder mögen. Kopieren Sie Ihre Liste, und deponieren Sie jeweils ein Exemplar an verschiedenen kritischen Punkten: auf dem Nachttisch, auf dem Schreibtisch zu Hause und im Büro, im Auto und selbstverständlich irgendwo in der Küche. Ich weiß nicht, wie Ihre Liste aussieht, aber auf meiner steht folgendes:

1. Zeit für meine Tochter, vor allem zum Vorlesen.
2. Ein wenig Platz für mich selbst schaffen, zum Beispiel in einer Schublade oder einem Schrank.
3. Komödien anschauen (sogar Fernsehkomödien).
4. Unsere Katzen bürsten.
5. Ins Kino gehen, besonders wenn es einen Film gibt, in dem wieder einmal der menschliche Geist siegt.
6. Ein heißes Bad.
7. Eine Runde in der Sporthalle.
8. Schöne Musik - der Kanon von Pachelbel, irgendwas von Mozart.
9. Ein anregendes Gespräch mit einem Menschen, dessen Gesellschaft ich liebe.
10. Kontakt mit der Natur - einen Hirsch betrachten, Eichhörnchen im Garten oder Tauben im Park füttern, an einem schönen Fleck in der Natur lesen oder schreiben.

**30**

Meine Liste ist sogar noch länger. Solche Listen werden meist länger, wenn Sie die vielen angenehmen Seiten des Lebens genauer betrachten. Allerdings kann sich Eßgier auch dann einstellen, wenn Sie gerade keine Zeit haben, in die Wanne zu springen oder mit einem Buch in den Wald zu gehen. Dann benötigen Sie sofort wirkende Techniken, die Sie ebenfalls mit Ihrer geistigen Quelle in Kontakt bringen. Einige dieser Methoden sind:

- Lesen Sie einen Absatz oder zwei in Ihrem »Verwöhnbuch« oder in einem anderen hilfreichen Buch.
- Rufen Sie einen Menschen an, von dem Sie wissen, daß er Sie in Ihrem Bemühen, vernünftig zu essen, unterstützt.
- Wechseln Sie die Umgebung, und wenn es nur für wenige Minuten ist. Sie können beispielswiese die Kaffeepause im Büro nutzen, um nach draußen zu gehen, ein bißchen spazieren zu gehen und ein wenig frische Luft zu atmen.
- Schreiben Sie auf, wie Sie sich fühlen. Vielleicht überrascht Sie das Ergebnis. Es kann sowohl enthüllend als auch befreiend sein, Emotionen schwarz auf weiß niederzuschreiben.
- Ziehen Sie sich ein paar Minuten zurück, falls nötig in den Waschraum. Besinnen Sie sich auf Ihre geistige Kraft, die Ihnen hilft, Ihre Eßlust so lange durchzustehen, bis sie verschwindet.

*Jede Eßlust verschwindet, wenn man ihr keine Aufmerksamkeit schenkt*

Es gibt keine Eßlust, die sich nicht von selbst erschöpft. Die meisten Menschen wollen das nicht begreifen. Sie geben ihr entweder nach, sobald sie auftritt, oder sie kämpfen dagegen an, bis sie erschöpft sind. Sie verstehen nicht, daß jede Gier ziemlich bald verschwindet, wenn wir ihr keine Aufmerksamkeit schenken.

Eine weitere wirksame Technik hilft Ihnen ebenfalls, den Nullpunkt zu erreichen. Sie besteht darin, daß Sie Ihre Gefühle akzeptieren.

**31**

## Die eigenen Gefühle akzeptieren

*Vor langer Zeit lebte eine Frau, die glaubte, ihr Haus sei von Dämonen besessen. Sie rief den Priester, um die Dämonen auszutreiben. Der Priester vollzog den Exorzismus, wie es sich gehörte; doch nach einer Woche klopfte die Frau erneut an seine Tür. »Mein Haus ist wieder besessen!« rief sie weinend. Der Priester vollzog das Ritual zum zweitenmal und empfahl der Frau, nach Hause zu gehen.*

*Es war noch kein Tag vergangen, als die Frau ihn zum drittenmal aufsuchte, um ihr Haus zu reinigen. Diesmal weigerte sich der gute Priester. »Das, was dich schreckt«, sagte er, »befindet sich nicht so sehr innerhalb der Wände deines Hauses, sondern eher innerhalb der Wände deines Geistes. Mit diesen Dämonen mußt du selbst fertig werden.«*

*»Aber kannst du mir nichts geben, was mir hilft – ein Fläschchen Weihwasser, ein gesegnetes Kruzifix?« bettelte die Frau. »Ich will dir etwas geben«, antwortete der Priester. »Ich gebe dir ein heiliges Betkissen.« Er holte ein einfaches Kissen aus einer Ecke. Es sah nicht besonders heilig aus, doch die Frau nahm es mit. Als sie ihr Haus betrat, quoll es von Dämonen schier über. »Ich bin verloren«, dachte sie. »Selbst mit diesem heiligen Betkissen als Waffe kann ich sie niemals alle besiegen.« Sie setzte sich auf das Kissen und erwartete ihr Schicksal. Doch sobald sie bequem saß, verschwanden die Dämonen.*

**»Von diesem Tag an war die Frau davon überzeugt, daß die Gabe des Geistlichen in der Tat göttliche Kräfte hatte«**

*Von diesem Tag an war die Frau davon überzeugt, daß die Gabe des Geistlichen in der Tat göttliche Kräfte hatte. Der Priester wußte jedoch, daß die Dämonen einfach deshalb verschwunden waren, weil sie sie akzeptiert hatte. Und er mußte für den Rest seines Lebens auf sein Lieblingskissen verzichten.*

Trotz aller Aufgeklärtheit gibt es noch viele Menschen, die sich vor Dämonen fürchten. Wir fürchten aber keine übernatürlichen Geister, sondern unsere eigenen Gefühle. Einige davon stempeln wir als negativ ab – Kummer, Reue, Wut, verletzter Stolz – und fühlen uns berechtigt, sie zu meiden. Manchmal fühlen wir uns allerdings auch mit positiven Emotionen nicht wohl. Wir reagieren zurückhaltend auf Komplimente (vielleicht verdienen wir sie nicht) und auf schöne Gefühle (womöglich bringen sie uns Unglück), wir zögern sogar, einen Menschen zu lieben (er könnte uns ja verlassen). Eine bewährte Methode, sämtliche Gefühle zu meiden, ist übermäßiges Essen. Sie kennen den Ausdruck *»sich mit Essen vollstopfen«*.

> *Oftmals sind die Gefühle, denen wir durch Essen entfliehen wollen, nur die Folge kleiner Ärgernisse oder lösbarer Probleme*

Nun, man könnte ebensogut sagen *»sich mit Gefühlen vollstopfen«*. Sie können alles ohne übermäßiges Essen durchstehen, wenn Sie diese Gefühle zulassen. Mit anderen Worten: Akzeptieren Sie Ihre Gefühle. Häufig sind die Gefühle, denen Sie durch Essen entfliehen wollen, die Folge alltäglicher Ärgernisse, lästiger Situationen und lösbarer Probleme. Einerlei, ob Sie einer Tragödie oder einem trivialen Ereignis begegnen, Sie können Ihre Gefühle ohne Essen im Mund akzeptieren. Jedesmal, wenn Ihnen das gelingt, reduzieren Sie Ihre Gier nach Essen und Sie werden gelassener.

Gefühle akzeptieren bedeutet einfach, sie wahrzunehmen und zu begreifen, daß es sich nicht um negative, sondern um heilende Kräfte handelt. Kummer ist ein gutes Beispiel dafür. Kummer ist gewiß kein angenehmes Gefühl, aber er ist ein Teil des notwendigen Prozesses, um über einen Verlust hinwegzukommen. Sie können nicht zuviel Kummer auf einmal haben. Ein gewisses Maß an Kummer empfinden Sie jetzt, und einige Zeit später empfinden Sie erneut Kummer. Wenn Sie dem Prozeß erlauben, sich zu vollenden, werden Sie sich erleichtert fühlen.

*Um Gefühle zu verstehen, müssen Sie sie wahrnehmen. Das ist nicht möglich, wenn Sie sich mit anderen Dingen beschäftigen*

Bei anderen Emotionen ist es ähnlich. Wut legt sich. Begeisterung ebenso. Sie kommen und gehen, aber sie bleiben nicht. Jedes Gefühl hat seinen Zweck und seine Dauer. Um Gefühle zu verstehen, sich mit ihnen zu befassen, wenn es angebracht ist, und sie dann loszulassen, müssen Sie sie wahrnehmen. Das ist nicht möglich, während Sie ein belegtes Brot essen, Ihre Briefe lesen oder die Abendnachrichten sehen. Sie müssen das Bedürfnis nach Aktivität überwinden und einfach nur sein.

In unserer Gesellschaft werden Gefühle oft falsch gedeutet. Was Sie für Hunger halten, kann Wut, Scham oder Furcht sein. Diese Gefühle können sich als Kälte oder Leere im Magen äußern. Es ist also kein Wunder, wenn Sie sie mit Hunger verwechseln. Viele andere Gefühle werden ebenfalls verkannt. Was wir für Wut auf einen bestimmten Menschen halten, kann Wut auf einen anderen oder sogar auf uns selbst sein. Nehmen Sie sich Zeit und setzen Sie sich ruhig und bewußt mit dem auseinander, was in Ihnen vorgeht. Dafür brauchen Sie ein wenig Übung. Fangen Sie damit an, daß Sie zu einer bestimmten Zeit nichts essen und statt dessen Ihre Gefühle zulassen. Mit einem verständnisvollen Menschen zu reden kann sehr beruhigend sein, ebenso wie Tagebuchschreiben, Spazierengehen, Gartenarbeit, eine Massage oder eine andere entspannende Beschäftigung.

Nach einiger Zeit sind Sie imstande, ruhig dazusitzen und ohne Furcht zu akzeptieren, was in Ihnen und in Ihrer Umgebung vorgeht. Wenn Sie sich Ihren Gefühlen öffnen, öffnen Sie sich auch Ihren Bedürfnissen. Sie werden herausfinden, was Sie wirklich brauchen.

Ich erinnere mich daran, daß die Idee, meine Gefühle nicht mehr mit Essen zu unterdrücken, sondern bewußt zu akzeptieren, mir einst nicht sehr realistisch vorkam. Aber weil an-

fit fürs Leben

dere Menschen, die es bereits geschafft hatten, mir halfen, und weil ich Erfahrungen sammelte, freute ich mich schließlich über jede Gelegenheit, meine Gefühle besser kennenzulernen. Das ist nicht immer leicht, aber wenn Sie sich klarmachen, daß Sie unangenehme Gefühle nur dann loswerden, wenn Sie sie durchstehen, fällt Ihnen der Prozeß leichter. Die Angst nimmt ab, und die Unzufriedenheit verschwindet. Probleme sind nicht länger eine schwere Last, sondern eine Brücke, die Sie überqueren.

## Frieden mit der Vergangenheit

Wir haben bereits über das Leben in der Gegenwart gesprochen. Wir verschieben den ersten Bissen einer unvernünftigen Mahlzeit auf später. Wir akzeptieren unsere Gefühle in dieser Situation. Fest auf dem Boden der Gegenwart zu stehen setzt allerdings Frieden mit der Vergangenheit voraus. Wir können uns nicht elegant durch gegenwärtige Ereignisse bewegen, wenn wir Werturteile, Enttäuschungen, Schuldgefühle und Groll mit uns herumschleppen, die sich bei näherer Untersuchung als Lasten der Vergangenheit herausstellen.

*Sie werden negative Gefühle nur dann los, wenn Sie sie durchstehen*

Damit Sie vernünftig und einfühlsam mit Ihrer Vergangenheit und mit den Menschen in Ihrem Leben umgehen können, machen Sie bitte eine Art persönlicher »Bestandsaufnahme«, deren Ergebnis Sie mit sich selbst und mit einem anderen Menschen besprechen.

Bei dieser Bestandsaufnahme geht es nicht darum, sich selbst herabzusetzen oder zu beschuldigen. Sie ist kein Geständnis im üblichen Sinne, weil Sie nicht nach Vorschriften suchen, die Sie verletzt haben. Sie machen vielmehr jene Handlungen und jene Untätigkeit ausfindig, die Sie belasten, die sie gern ändern möchten, und die Sie zum unvernünftigen Essen ver-

leiten. Die Bestandsaufnahme bezieht sich auf drei Bereiche: Groll, Furcht und Sexualität.

Die »Groll-Liste« hat drei Spalten, eine für den Menschen oder die Institution, dem oder der Sie grollen, eine zweite für die Ursache des Grolls und eine dritte für die inneren Auswirkungen. Sie könnten zum Beispiel schreiben, daß Sie ihrer Schwester grollen (erste Spalte), weil sie möchte, daß Sie abnehmen (zweite Spalte), und dadurch Ihr Selbstwertgefühl verletzt (dritte Spalte).

*Furcht steht häufig als Ursache hinter verletzten Stolz und wenig Selbstwertgefühl*

Wenn Sie in der zweiten Spalte die Art Ihres Grolls präzise aufschreiben, stoßen Sie auch auf Gefühle, die Sie möglicherweise lange geleugnet haben. Das ist sicherlich positiv, aber noch nicht genug. Um sich von Groll zu befreien, müssen Sie wissen, was in Ihnen vorgeht (Spalte drei). Oftmals werden Selbstwertgefühl, Stolz, sexuelle Beziehungen und Geldprobleme genannt, wobei Furcht oft die eigentliche Ursache der Probleme ist. Wenn Sie verfolgen, was in der dritten Spalte immer wieder erscheint, lernen Sie sich selbst viel besser kennen.

Der zweite Teil der Bestandsaufnahme ist eine Liste von Dingen, vor denen Sie sich fürchten. Ihre persönliche Liste könnte etwa so aussehen:

Ich fürchte mich davor:
...meine Arbeit zu verlieren
...Krebs zu bekommen
...für immer dick zu bleiben
...hungrig zu sein
...mit dem Flugzeug zu fliegen
...alt zu werden

Egal, was Sie befürchten, schreiben Sie es auf. Schreiben Sie, solange Ihnen etwas einfällt. Nichts ist belanglos. Was Ihnen in den Sinn kommt, ist in Ihrem Herzen, also gehört es in Ihre Bestandsaufnahme.

Unsere Ängste sind sehr informativ. Die Beispielliste zeigt Probleme in den Bereichen Gesundheit, Sicherheit und Finanzen. Manche Menschen haben tiefsitzende Ängste, die einer speziellen Behandlung, möglicherweise einer Psychotherapie bedürfen. Viele Ängste lassen sich jedoch durch Glauben und Vertrauen bewältigen. Der Furcht ins Gesicht zu blicken ist die erste Voraussetzung für diesen Wandel.

Der letzte Teil der Bestandsaufnahme befaßt sich mit der Sexualität. Denken sie über Ihre vergangenen und jetzigen Beziehungen nach, und schreiben Sie auf, was Ihnen dazu einfällt. Beantworten Sie z.B. folgende Fragen:
- Habe ich es zugelassen, daß ich verletzt wurde?
- Habe ich mich mit Sex begnügt, obwohl ich nach Liebe suchte?
- Akzeptiere ich mich selbst als sexuelles Wesen?
- Ist meine Sexualität ausgewogen – kann ich sie genießen und respektieren?

Ihre Antworten sollen Ihnen zeigen, wer Sie sind, sie sollen keine Schuldgefühle hervorrufen. Eine Inventur ist keine Inquisition!

Wenn Sie alle drei Teile bewältigt haben und immer noch glauben, daß etwas fehlt, schreiben Sie einfach auf, was Ihnen einfällt. Und machen Sie sich ein vollständiges Bild, indem Sie eine Liste dessen anfertigen, was Sie an sich selbst bewundern und schätzen. Hier ist falsche Bescheidenheit fehl am Platz. Sie haben viele Vorzüge. Schreiben Sie wenigstens zehn auf – fünfzig sind besser. Sprechen Sie dann mit einem anderen Menschen über das Gesamtergebnis.

*Sie haben viele Vorzüge. Schreiben Sie wenigstens zehn auf – fünfzig sind besser*

## Frieden mit den Mitmenschen

Wenn Sie sich jetzt einmal Ihre Bestandsaufnahme ansehen, finden Sie dort Namen von Menschen, die Sie verletzt haben oder mit denen Sie ein Zerwürfnis haben. Ohne sich selbst oder anderen die Rolle des Übeltäters zuzuteilen, werden Sie feststellen, daß es sich um Leute handelt, an die Sie mit Bitterkeit denken. Zählen Sie diese Menschen auf, und machen Sie wieder gut, was Sie anderen angetan haben, sofern das möglich ist, es sei denn, das würde sie oder andere kränken.

Habe ich Sie eben sagen hören: »*Na schön – aber nicht bei dem da!*«? Es gibt viele Gründe, diesen Schritt auszulassen. Sie könnten zum Beispiel sagen:

- Mich haben mehr Leute verletzt als ich sie.
- Er hat es verdient.
- Ich möchte nicht in alten Wunden stochern.
- Das hat doch nichts mit meinen Eßproblemen zu tun.

*Setzen Sie sich zum Ziel, aus jeder Beziehung das Beste zu machen*

Ich verstehe diese Einwände, und vielleicht sind sie alle berechtigt – außer dem letzten. Uns motivieren zwischenmenschliche Beziehungen mehr als alle anderen Faktoren, abgesehen vom Selbsterhaltungstrieb. Beziehungen zu anderen Menschen haben sehr viel damit zu tun, was, wann, wie und warum man ißt. Machen Sie sich klar, was Wiedergutmachung bedeutet. Sie bedeutet nicht, vor anderen zu kriechen, um ihre Vergebung zu flehen oder eine Partnerschaft oder Freundschaft zu erneuern, die sich überlebt hat. Es geht vielmehr darum, die gegenwärtige, unbefriedigende Situation zu beenden.

Ihr Ziel sollte es sein, aus jeder Beziehung das Beste zu machen. In manchen Fällen besteht die Wiedergutmachung in einer schlichten Entschuldigung, in anderen müssen Sie eine Schuld begleichen oder ein Versprechen halten. Vielleicht

müssen Sie Ihren Namen ganz oben auf die Liste setzen und mit sich selbst Freundschaft schließen. Wenn Sie sich der Reihe nach um jede Situation kümmern, werden Sie feststellen, daß »alte Schulden« beglichen werden. Mit anderen Worten: Ihr Leben wird reicher und einfacher, und darum kann Ihr Essen ebenfalls einfacher werden.

## Positive Reaktionen auf negative Gedanken

**Sie können unproduktive, negative Gedanken in mächtige, positive Gedanken umwandeln.** Hier sind ein paar Beispiele für typische negative Selbstgespräche und die positiven Reaktionen:

| Negatives Denken | Positive Reaktion |
| --- | --- |
| Ich schaffe das nicht. | Ich kann sogar mehr leisten. |
| Ich gehöre nicht hierher. | Ich bin in meinem Leben und in meiner Welt zu Hause. |
| Das Leben anderer Leute ist harmonisch. | Ich weigere mich, mein Leben mit dem Leben anderer zu vergleichen. |
| Ich kenne das Geheimnis, wie man glücklich wird, nicht. | Ich entdecke jeden Tag etwas, was mich glücklich macht. |
| Wenn ich abnehmen würde, wäre mein Leben in Ordnung. | Ich lebe in Frieden mit meinem jetzigen Gewicht. |
| Wenn mein Leben in Ordnung wäre, könnte ich abnehmen. | Ich esse heute liebevoll, unabhängig von den Umständen. |
| Wenn ich mich nicht um alles kümmern würde, gäbe es ein Chaos. | Ich kümmere mich um meine Angelegenheiten und mische mich nicht in alles ein. |
| Wenn du mich wirklich kennen würdest, wäre ich dir nicht sympathisch. | Ich bin ein liebenswerter Mensch. |
| Es geht mir zu gut, bald wird etwas Schreckliches geschehen. | Es geht mir gut, und ich bin dankbar dafür. |

| | |
|---|---|
| Alles ist meine Schuld (deine Schuld). | Ich konzentriere mich auf die Problemlösung, nicht auf Schuldzuweisungen. |
| Ich fürchte mich vor der Zukunft. | Ich lebe in der Sicherheit dieses Augenblicks. |
| Ich weiß nicht, was ich tun soll. | Ich tue das, was ansteht. |
| Ich kann die Fassade nicht mehr aufrechterhalten. | Ich bin, wer und was ich bin. |
| Wenn du dich ändern würdest, könnte ich es auch. | Ich ändere das, was es an mir zu ändern gibt, egal was andere tun. |
| Ich weiß, was zu tun ist, aber ich tue das genaue Gegenteil. | Ich weiß, was zu tun ist, und ich werde es tun, mit oder ohne Hilfe. |
| Ich kann es nicht versuchen/riskieren; ich kann nicht anfangen; ich schaffe es nicht. | Ich kann und ich werde es tun. |
| Ich bin müde, und ich habe noch nichts getan. | Ich habe reichlich Energie, um zu tun, was meine Aufgabe ist. |
| Ich bin nicht vollkommen. Ich bin ein Versager | Ich bin ein vollkommener Mensch, u. vollkommene Menschen haben auch Unvollkommenheiten. |
| Niemand ist wie ich | Ich bin ein Mitglied der menschlichen Familie. |
| Ich bin ein Sonderfall. | Ich bin ein besonderer Mensch. |

## Übungen in Ehrlichkeit

- Überschreiten Sie beim Autofahren die vorgeschriebene Höchstgeschwindigkeit auch dann nicht, wenn Sie sicher sind, daß man Sie nicht erwischen würde.
- Machen Sie sich bewußt, wenn Sie sich selbst herabsetzen (»*Ich bin ein Dummkopf*«, »*Ich kann nichts richtig machen*«). Solche pauschalen Urteile spiegeln nie die Wahrheit wider.
- Wenn Sie Unrecht haben, geben Sie es zu.
- Wenn Sie immer Probleme mit einem bestimmten Nahrungsmittel gehabt haben, sehen Sie dieser Tatsache ins Gesicht, und verzichten Sie auf dieses Nahrungsmittel.

- Suchen Sie nicht mehr nach Ausreden für sich selbst und andere. Wenn Sie vergessen haben, jemanden anzurufen, sagen Sie: *»Ich hab's vergessen.«* Wenn Ihr Kind seine Hausaufgabe nicht gemacht hat, schreiben Sie keine falsche Enschuldigung für ihn.
- Sprechen Sie mit jemandem darüber, was Sie essen, oder schreiben Sie es zumindest genau auf.
- Seien Sie beim Einkaufen ehrlich. Rechnen Sie wirklich damit, daß zufällig jemand »vobeikommt«, der für sein Leben gern Schokolade ißt?
- Seien Sie gegenüber Menschen, denen Sie vertrauen, völlig ehrlich, was Ihr Leben und Ihre Gefühle betrifft.
- Essen Sie, wenn Sie allein sind, nicht anders, als wenn Sie in Gesellschaft sind, und essen Sie in Gesellschaft nicht anders, als wenn Sie allein sind.
- Seien Sie Sie selbst. Wenn Sie eine Chamäleonhaut haben, werfen Sie sie ab. Sie brauchen nicht ständig Ihre Meinung zu ändern, um mit anderen Menschen gut auszukommen.
- Wenn Sie merken, daß Sie übertreiben, rücken Sie die Dinge zurecht.

*Seien Sie gegenüber Menschen, denen Sie vertrauen, völlig ehrlich, was Ihr Leben und Ihre Gefühle betrifft*

## Einige Tatsachen über das Essen

Wenn Sie Ihren Teller leer essen, helfen Sie damit keinem einzigen hungernden Kind.

Es ist keine Schande, Essen wegzuwerfen, das Sie nicht brauchen. Geben Sie es Ihrem Hund, sofern es für ihn geeignet ist. Wenn nicht, geben Sie es der Erde zurück, das heißt, kompostieren Sie es.

Nicht essen kann ebenso süchtig machen wie essen. Fühlen Sie sich »high«, wenn Sie eine Diät machen oder Mahlzeiten auslassen? Prüfen Sie Ihr Verhalten, soweit es mit dem Essen

zu tun hat. Ihr Ziel ist die Ausgewogenheit aller Dinge. Das heißt, Sie sollten dem Essen weniger Bedeutung beimessen und nicht weniger oder mehr essen, als Sie brauchen, um sich besser zu fühlen.

Sie können eine Mahlzeit zubereiten, ohne die Hälfte davon vorzukosten. Richten Sie sich nach einem genauen Rezept, dann wissen Sie ohne Kostprobe, ob Sie richtig gewürzt haben. Wenn Sie kosten müssen, tun Sie es am Ende der Zubereitung. Ein winziger Bissen genügt.

Wenn bestimmte Situationen besonders problematisch für Sie sind, bitten Sie Verwandte oder Freunde um Hilfe. Wenn Sie es sich beispielsweise angewöhnt haben, beim Abräumen des Tisches alles zu essen, was Ihre Kinder übriggelassen haben, ordnen Sie an, daß Ihre Kinder ihre Teller selbst zum Spültisch tragen und die Reste auf den Kompost oder in die Mülltonne werfen. Eines Tages können Sie dieser Versuchung vielleicht widerstehen, aber solange das nicht der Fall ist, sollten Sie vorsorgen. Es gibt kein magisches Lebensmittel, das Ihnen hilft abzunehmen oder das den Appetit für immer zügelt.

*Im Prinzip ist Essen so neutral wie Wasser*

Im Prinzip ist Essen so neutral wie Wasser. Aber das Essen wird zum Problem, wenn Sie es mißbrauchen oder falsch auswählen. Darum müssen Sie sich zunächst auf Ihr Leben und dann erst auf Ihr Essen konzentrieren.

**42**

fit fürs Leben

# 3. So ändern Sie Ihre Einstellung zum Essen

**V**ielleicht erinnern Sie sich daran, daß Sie einmal gefastet oder nur Säfte getrunken und sich dabei sehr wohl gefühlt haben. Dieses Wohlgefühl verflüchtigte sich, als Sie wieder feste Nahrung zu sich nahmen. Der Reiz des Fastens liegt zum Teil darin, daß Sie nichts mehr mit dem Essen zu tun haben – es ist sozusagen »*aus den Augen, aus dem Sinn*«. Doch ebenso, wie Sie auf dem Trockenen nicht schwimmen lernen können, können Sie erst dann lernen, mit Liebe zu essen, wenn Sie es probieren, und erst dann wissen Sie, daß es möglich ist.

*Der Reiz des Fastens liegt zum Teil darin, daß Sie nichts mehr mit dem Essen zu tun haben*

Mit einer neuen Einstellung ändert sich auch Ihr Eßverhalten. Wenn Sie beispielsweise gegessen haben, um ihre Emotionen zu beruhigen, hatten Sie wahrscheinlich eine Vorliebe für süße, sahnige Speisen, die in der Regel fettreich und ohne Nährwert sind. Wenn Sie aus anderen Motiven essen wollen – um sich gesund zu ernähren und ein glückliches Leben zu führen –, müssen Sie Ihre Einstellung ändern. Einige Methoden, die diesen Prozeß unterstützen, finden Sie am Ende dieses Kapitels. Nahrung wird für Sie kein Star mehr sein, weder ein Held noch ein Bösewicht. Statt dessen wird sie eine wichtige, aber unaufdringliche Nebenrolle spielen.

Sie befinden sich in einer idealen Lage, um Ihre Einstellung zum Essen zu ändern, denn Sie arbeiten von innen nach außen – Sie kümmern sich erst um sich selbst, dann ums Essen. *Dr. Dean Ornish* (Verfasser von *Dr. Dean Ornishs* Programm zur Heilung von Herzkrankheiten) benutzt bei seinen Patienten, von denen viele auch übergewichtig sind, eine Therapie, die geistige Techniken wie Yoga und Meditation, Gruppenarbeit, aerobes Training und eine fettarme, vegetarische Diät einschließt. Die Bedeutung des inneren Wandels erklärt er so:

*»Es genügt nicht, das Verhalten zu ändern, tiefere Probleme aber unbeachtet zu lassen. Wenn ich einem einsamen, deprimierten und isolierten Menschen erzähle, daß eine Ernährungsumstellung ihm zu einem längeren Leben verhelfen kann, so ist das für ihn nicht sehr motivierend. Wer will schon länger leben, wenn es ihm schlecht geht? Darum befassen wir uns mit den seelischen und geistigen Aspekten der Gesundheit und der Krankheit, nicht nur mit dem körperlichen. Wenn wir uns glücklicher und friedvoller fühlen, neigen wir dazu, uns für Verhaltensweisen zu entscheiden, die das Leben fördern, anstatt es zu zerstören.«*[2]

**Lebensbejahende Lebensmittel ist Nahrung, die gut riecht, gut aussieht und appetitlich ist**

Viele Verhaltensweisen sind lebensfreundlich. Hier wollen wir uns auf die Auswahl lebensbejahender Lebensmittel konzentrieren. Denken Sie eine Minute darüber nach. Solche Lebensmittel sollten gut aussehen, gut riechen und in natürlichem Zustand appetitlich sein. Kalorienarme und »nahrhafte« Produkte sind nicht unbedingt gut für Sie.

Es gibt keine strikte Ernährungsweise, die für alle Menschen richtig ist. Wir sind unterschiedlich aktiv und gehören verschiedenen Volksgruppen an. Wir leben unter verschiedenen klimatischen und gesellschaftlichen Bedingungen. Dennoch sind wir uns in physiologischer Hinsicht sehr ähnlich. Darum gibt es Ernährungsrichtlinien, die auf alle Menschen zutreffen. Es ist beispielsweise sinnvoll, überwiegend solche Lebensmittel zu essen, die die Natur uns liefert, anstatt von unserem Körper zu erwarten, daß er mit synthetischen Substanzen zurechtkommt.

---

[2] *Das Zitat ist einem Telefongespräch mit dem Autor vom Oktober 1990 entnommen. Ornishs Buch ist mit Weisheit gesättigt - nicht nur für Herzkranke.*

Es ist auch bekannt, daß eine Kost, die reichlich tierisches Fett enthält, die wichtigste Ursache für Herzkrankheiten ist, die Todesursache Nummer eins in den westlichen Ländern. Tierisches Fett hängt auch mit verschiedenen Krebsarten, Diabetes, Osteoporose und vielen anderen Geißeln der Menschheit zusammen, Übergewicht eingeschlossen. Menschen, die natürliche, fettarme Nahrungsmittel essen, sind in der Regel gesünder als jene, die verarbeitete, fettreiche Nahrung konsumieren. Sie haben einen mageren Körper, obwohl sie herzhaft essen. In jenen Teilen der Welt, wo diese Ernährungsweise die Norm ist, ist Übergewicht fast unbekannt.

*Geistige Erneuerung und sanfte Ernährung wirken zusammen*

Geistige Erneuerung und sanfte Ernährung wirken zusammen. Geistigkeit ist die innere Seite, sanftes, natürliches Essen mit Liebe die äußere. Selbstverständlich entscheidet sich nicht jeder Mensch mit Eßproblemen, der dank geistiger Techniken auf dem Weg der Besserung ist, für die Ernährungsweise, die ich in den folgenden Kapiteln beschreibe. Wer sie ausprobiert, wird aber feststellen, daß sie eine Stütze und Ergänzung der richtigen Lebensweise ist. Außerdem ist sie erstaunlich einfach. *Dr. Ornish* sagte mir zu diesem Thema:
*»Bei den meisten Diäten zählen die Leute die Kalorien und begrenzen die Portionen. Da sie ständig hungrig sind, geben sie die Diät auf und essen sich das Gewicht, das sie verloren hatten, wieder an. Wenn Sie dagegen diese Richtlinien beachten, können Sie essen, wenn Sie hungrig sind, und trotzdem abnehmen, weil Ihr Essen fettarm ist. Sie fühlen sich satt und wohl, und Sie vermissen nichts. Das ist keine Diät. Es ist eine neue Art zu essen.«*[3]

[3] *Telefongespräch mit dem Autor im Oktober 1990.*

# Verwöhnen Sie sich mit Essen und Trinken

*Gewinnen Sie dem Essen neue Seiten ab: Erleben Sie Ihre Mahlzeiten mit allen Sinnen*

1. Sorgen Sie für eine innere Wandlung, indem Sie Ihr ganzes Leben am Geist und an der Liebe ausrichten.
2. Sprechen Sie wenigstens mit einem Menschen über Ihre Einstellung zum Essen. Tun Sie es, wann immer Sie das Bedürfnis danach haben. Unterstützen Sie andere in gleicher Weise, sobald Sie dazu imstande sind.
3. Nehmen Sie Ihre geistige Kraft mit, wenn Sie essen gehen. Sie fühlen sich nicht allein, wenn die Liebe immer bei Ihnen ist. Diese Hilfe steht Ihnen nicht nur in dramatischen Situationen zur Verfügung, sondern auch bei Festessen, am kalten Büffet und wenn Sie am Schaufenster einer Bäckerei vorbeigehen.
4. Seien Sie dankbar für Ihr Essen. Denken Sie daran, wer zu diesem Essen beigetragen hat: der Regenwurm, der Bauer, die Köchin (auch wenn Sie gekocht haben).
5. Verwöhnen Sie sich mit dem Essen, das Sie zubereiten. Denken Sie darüber nach, was es bedeutet, sich selbst und anderen Essen zu servieren. Es handelt sich um Substanzen, die Teil eines lebenden Körpers werden. Sie verdienen das Beste und die Menschen, die Sie lieben, ebenfalls.
6. Wählen Sie schöne Lebensmittel aus, und richten Sie sie appetitlich an. Erleben Sie Ihre Mahlzeiten mit allen Ihren Sinnen. Essen Sie langsam. Stellen Sie Blumen auf den Tisch, und spielen Sie sanfte Musik – auch wenn Sie allein sind.
7. Entdecken Sie die Begeisterung für einfaches Essen. Ich erinnere mich an meinen ersten Tee ohne Zitrone, Sahne oder Süßstoff. Sein köstliches Aroma überraschte mich, und es war interessant, etwas neu zu schmecken, was ich viele Male getrunken hatte, ohne es wirklich zu erleben. Ähnliches kann Ihnen mit einer Kartoffel ohne Butter, ei-

ner Schüssel Hafermehl oder einfachem Popcorn widerfahren. Unser Essen muß gewiß nicht fade oder langweilig sein.

8. Lernen Sie, sich zwischen den Mahlzeiten sicher zu fühlen. Akzeptieren Sie das Gefühl, nicht »voll« zu sein, wie Sie andere Gefühle akzeptieren. Sie sollten aber erfahren, was für ein Gefühl es ist, nicht unaufhörlich zu verdauen, und Sie sollten wissen, daß Sie auch ohne vollen Bauch zufrieden sein können.

*Akzeptieren Sie das Gefühl, auch ohne vollen Bauch zufrieden zu sein*

9. Lernen Sie auch Sattheit kennen. Es ist leicht, das Signal des Körpers zu ignorieren, das »genug!« sagt. Manche Leute mißachten es einfach. Achten Sie auf dieses Signal. Was für ein Gefühl ist es, satt zu sein?

10. Erforschen Sie Ihre Umwelt. Sie haben genug wertvolle Zeit dadurch verloren, daß Sie ständig ans Essen gedacht haben. Die Welt da draußen ist wunderbar! Was möchten Sie gern tun - Schauspielunterricht nehmen, stricken lernen, Golf spielen, für eine gute Sache arbeiten, italienisch sprechen, Kurzgeschichten schreiben? Tun Sie es - nicht nach dem Essen und nicht, nachdem Sie zehn Pfund abgenommen haben. Tun Sie es jetzt.

## Bevor Sie Ihr Essen auswählen...

Bevor Sie Ihr Essen auswählen, sollten Sie eine andere Wahl treffen: Beschließen sie, mit Ihrem Essen sich selbst zu lieben. Viele Menschen mit Eßstörungen sagen: »*Als ich ein Kind war, bedeutete Essen soviel wie Liebe*«, und sie begründen damit ihre heutige Abhängigkeit. Tatsächlich spricht einiges für diese Auffassung - vielleicht erhielten Sie als Kind Liebe in Form von Essen. Doch wenn Sie heute übermäßig viel essen, mißbrauchen Sie sich selbst. Das ist keine Liebe.

**47**

Nehmen Sie sich vor, sich durch Ihr Eßverhalten und durch Ihre Lebensweise selbst zu lieben. Einige der folgenden Vorschläge mögen Ihnen vertraut vorkommen. Vielleicht haben Sie schon ähnliche gehört und sogar ausprobiert. Der Unterschied liegt darin, daß Sie sich heute in einem Veränderungsprozeß befinden, der geistiger Art ist. Wenn Ihre innere Wandlung Fortschritte macht, werden Sie vieles in die Tat umsetzen, ohne daran zu denken. Sie werden dann diese Liste lesen und sagen: »*Ja, das tu' ich.*«

### Essen Sie ohne Schuldgefühle.
Schuldgefühle ziehen Schuldgefühle an und verstärken sich gegenseitig.

### Essen Sie Ihrer Gesundheit zuliebe.
Überspringen Sie diesen Absatz nicht, weil der Beginn scheinbar so selbstverständlich ist. Wie viele Menschen kennen Sie, die Ihre Nahrungsmittel tatsächlich in der Absicht auswählen, dadurch möglichst gesund zu werden? Es sind nur wenige. Sie sollten dazugehören.

*Ruhe und Ausgeglichenheit sind sehr wichtig für eine gesunde Mahlzeit*

### Essen Sie langsam.
Selbst wenn Sie nur eine halbe Stunde Zeit fürs Mittagessen haben, müssen Sie Ihr Essen nicht hinunterschlingen. Kauen Sie es. Schmecken Sie es. Wenn Sie regelmäßig wenig Zeit zum Essen haben oder wenn Sie oft unterbrochen werden (zum Beispiel weil Sie »auf Abruf« arbeiten oder kleine Kinder haben), sollten Sie besonders auf langsames Essen achten, wenn Sie doch einmal dazu Gelegenheit haben.

### Essen Sie, wenn Sie ruhig und ausgeglichen sind.
Essen Sie nicht, wenn Sie aufgeregt sind, auch nicht, wenn es Essenszeit ist. Nehmen Sie dann ein Bad, oder gehen Sie spazieren. Telefonieren Sie. Gesundes Essen und innere Unruhe findet man selten am selben Tisch.

**Essen Sie so, wie es für Sie am besten ist, einerlei, was andere sagen.**
Die meisten Menschen in unserer Gesellschaft essen in großen Mengen nährstofflose Teilnahrungsmittel. Wenn sie damit aufhören, wird man sie vielleicht als Gesundheitsapostel verspotten. Denken Sie daran, daß das nicht stimmt, und tun Sie weiter, was für Sie richtig ist.

**Essen Sie Speisen, die liebevoll, sorgfältig und aufmerksam zubereitet worden sind.**
Wenn Sie selbst kochen, bereiten Sie Ihr Essen auf diese Weise zu. Wenn Sie zum Essen ausgehen, suchen Sie sich ein Restaurant aus, wo Sie wahrscheinlich liebevoll, sorgfältig und aufmerksam bereitete Mahlzeiten bekommen. Das heißt nicht, daß Sie immer in teure Restaurants gehen müssen. Lokale, die ihr Essen frisch zubereiten oder sich auf natürliche Nahrung spezialisiert haben, Lokale, die in Privatbesitz sind und vom Besitzer selbst geführt werden, und viele Restaurants (vor allem wenn Sie in Familienbesitz sind), die ausländische Spezialitäten anbieten, geben sich besonders große Mühe.

*Viele gute und dennoch preiswerte Restaurants bereiten ihre Gerichte aus frischen und biologisch angebauten Produkten zu*

**Wehren Sie sich nicht, wenn Ihr Geschmack sich ändert und Sie gesündere Kost bevorzugen.**
Wenn Sie entschlossen sind, sich selbst mit Ihrem Essen Gutes zu tun, müssen Sie bereit sein, sich umzustellen und Neues auszuprobieren. Wahrscheinlich mögen Sie nicht alles, was neu ist, und Sie brauchen auch nicht alles; aber lassen Sie zu, daß Ihr Geschmack und Ihre Vorlieben sich ändern. Lernen Sie neue Speisen kennen, Aromen, leichtere Versionen von Gerichten, die Ihnen die Liebe geben, die Sie verdienen.

**49**

**Drücken Sie durch die Wahl Ihrer Speisen aus, wer Sie sind.**

Sie sind ein schönes, gesundes, mitfühlendes, intelligentes menschliches Wesen. Sie können Lebensmittel auswählen, die schön aussehen, gut duften und schmecken. Genießen Sie Nahrungsmittel, die Ihren Körper gesünder machen, die Mitgefühl für andere ausdrücken und die ihre Wahl Ihrem kritischen Urteilsvermögen verdanken.

Sie können diese Anregungen leichter zu einem Teil Ihres Lebens machen, wenn Sie daraus positive Verstärkungen ableiten:

1. Ich esse in Liebe und ohne Schuldgefühle.
2. Ich esse für meine optimale Gesundheit.
3. Ich esse langsam. Ich habe viel Zeit.
4. Ich esse nur, wenn ich ruhig und ausgeglichen bin.
5. Ich esse so, wie es für mich am besten ist, einerlei, was andere sagen.
6. Ich esse nur Speisen, die liebevoll, sorgfältig und aufmerksam zubereitet worden sind.
7. Mein Geschmack wird immer besser, meine Vorliebe für gesundes Essen immer stärker.
8. Ich drücke durch mein Essen aus, wer ich bin. Darum wähle ich mein Essen so aus, daß ich damit Schönheit, Gesundheit, Intelligenz und Mitgefühl ausdrücke.

*Diäten sind kein Weg zu einer gesunden und ausgewogenen Ernährung*

## Essen mit Lust und Liebe

In diesem Buch finden Sie keine Diäten, keine Menüs und keine Mengenangaben. Warum sollte ich Ihnen sagen, was Sie an sieben hypothetischen Tagen zu sich nehmen sollen – als ob Sie nur eine Woche zu leben hätten? Sie haben ein ganzes Leben vor sich und Sie brauchen keine Verbote, sondern Mittel und Wege, um neue Erkenntnisse in die Tat umzusetzen.

Um das zu erreichen, werden wir den praktischen Teil von »Streicheleinheit Essen« in allen Einzelheiten besprechen. Zunächst erörtern wir, was es alles zu essen gibt (eine Menge!), und was Sie zusätzlich beachten sollten, um den schlanken, gesunden Körper zu erlangen und zu behalten, den Sie haben wollen. Vier Lebensmittelgruppen stehen uns zur Verfügung:

- **Obst** – am besten frisch, auch tiefgefroren, ungesüßt
- **Gemüse** – roh in Salaten und als Rohkostbeilage, auch gedünstet, geröstet und gebacken (in diese Gruppe gehören auch Kartoffeln)
- **Vollkorngetreide** – Brot, Nudeln und Flocken, z. B. aus Reis, Hirse oder Hafer
- **Hülsenfrüchte** – getrocknete Bohnen, Erbsen, Linsen; Sojaprodukte wie Tofu und Tempeh.[4]

*Die »reichen Verwandten« enthalten mehr Öl oder Zucker als Vollkorngetreide und Hülsenfrüchte. Bitte nur sparsam verwenden!*

Es gibt noch eine weitere Kategorie: die »**reichen Verwandten**«. Diese Lebensmittel enthalten mehr Öl oder natürlichen Zucker als die genannten Grundnahrungsmittel. Daher verwenden wir sie in kleineren Mengen als Gewürze oder zum Garnieren, aber auch zur Ergänzung der Kost von Menschen, die mehr Kalorien brauchen, um ihr Gewicht zu halten. Zu den reichen Verwandten gehören: Nüsse und Samen (am besten roh und ungesalzen), Oliven, Avocados, Olivenöl[5], Trockenfrüchte, Obstsäfte, Konfitüre aus ganzen Früchten, Süßstoffe wie Honig, Sorghum und reiner Ahornsirup.

---

[4] *Sojaprodukte enthalten mehr Fett als andere Grundnahrungsmittel dieser Ernährung. Wer sich sehr fettarm ernähren will oder muß, sollte sie als »reiche Verwandte« betrachten.*
[5] *Alle Pflanzenöle sind konzentriert. Verwenden Sie sie mit Maßen, wenn es notwendig ist, und verzichten Sie darauf, wenn es möglich ist.*

fit fürs Leben

*So ändern Sie Ihre Einstellung zum Essen*

*Viele exotische Gerichte stehen für eine gesunde Ernährung zur Verfügung*

Diese breite Nahrungspalette stellen wir zu Mahlzeiten zusammen, zum Beispiel Obstsalate, Obstmixgetränke (Shakes), knackige Salate, Gemüse-Barbecues, Kasserollen und Suppen, herzhaftes Vollkornweizenbrot und leckeres, schnell gebackenes Mais- und Bananenbrot, eine Reihe von Reis- und Nudelgerichten, gebackene Bohnen und sättigende Suppen wie Linsen- und Erbsensuppe. Auch die Welt der ausländischen Küche steht Ihnen offen. Sie können mit Gerichten aus folgenden Ländern experimentieren:

- **Naher Osten** – Pitabrot-Sandwiches mit Hummus (Brotaufstrich aus Kichererbsen) oder Baba Ganusch (Auberginen-Dip), Tabuli (Salat aus Getreideschrot), Reis-Pilafs.
- **Italien** – Spaghetti, Fettucine, Linguini, sogar Lasagna und Pizza, aber ohne Fleisch und Käse (beides ist zu fettreich).
- **Indien** – Verschiedene Gemüse-Currys mit köstlichen Chutneys, Dal (würzige Soße aus Linsen oder halben Erbsen), scharfe Reisgerichte.
- **Mexiko** – Chili sans Carne (ohne Fleisch), Avocado-Tostadas, Bohnen-Burritos, Taco-Salat.
- **Frankreich** – Crêpes, delikat gewürzte Pariser Gemüse, Quiche.

Selbst Speisen wie »Hamburger« können Sie fettarm und vegetarisch zubereiten. Es gibt wundervolle Ersatznahrungsmittel für vertraute Gerichte. Sie brauchen also nicht mehr darüber nachzudenken, was Sie alles »nicht mehr essen dürfen«. Im Kapitel 5 befassen wir uns genauer mit der Auswahl der Lebensmittel und der Zubereitung sowie mit dem Essen außer Haus.

**52**

# Entwickeln Sie Geschmack an der Qualität

Sie können in ein elegantes Restaurant gehen, tausend Kalorien in Form von erlesenen Speisen zu sich nehmen und das Lokal mit einem großartigen Gefühl verlassen. Oder Sie können in eine Imbißstube gehen, tausend Kalorien in 5 Minuten verschlingen und sich fett und schuldbewußt fühlen. Verfeinern Sie Ihren Geschmack an der Qualität, und wählen Sie die besten Lebensmittel aus, die Sie sich leisten können.

Achten Sie auch bei Getränken auf Qualität, denn viele sind von zweifelhaftem Wert. Alkohol mit seinen leeren Kalorien und seiner potentiell berauschenden Wirkung sollten Sie nur bei besonderen Anlässen in kleinen Mengen zu sich nehmen – am besten gar nicht. Eine typische Limonade enthält etwa neun Teelöffel Zucker in einer 300-Milliliter-Dose, und künstliche Süßstoffe sind immer noch umstritten.

*In 300 ml Limonade befinden sich neun Teelöffel Zucker!*

Das Koffein in Cola sowie im Kaffee und im Tee ist ebenfalls problematisch. Koffein ist eine stimulierende Droge. Es kann zwar vorübergehend den Appetit löschen, doch er kommt wie ein Bumerang zurück. Leute, die Diät leben, trinken oft eine Menge Tee, Kaffee und Cola – und meist werden sie rückfällig, vielleicht auch wegen des Koffeins. Die Ärztin *Agatha Thrash* meint dazu: »*Jede Droge, die die Nerven anregt, regt bei empfindlichen Menschen auch den Appetit an. Dazu zählen Kaffee, Tee, Cola und Schokolade. Diese Getränke fördern die Eßsucht.*«[6]

[6] *Agatha Trash, »Nutrition for Vegetarians« (Ernährungslehre für Vegetarier), New Lifestyle Books, Seale, 1982. S. 122.*

Wenn Sie Getränke zu sich nehmen, die Koffein enthalten, sollten Sie darauf achten, wie Sie sich auf Ihre Stimmung und auf Ihren Appetit auswirken. Vielleicht können Sie den Konsum reduzieren oder ganz einstellen und statt dessen Kräutertee, Mineralwasser und Obstsaft mit Wasser trinken. Ein Getränk, das mir half, eine enorme Sucht nach Diätcola loszuwerden, ist Süßholzwurzeltee. Heiß oder eisgekühlt ist dieser Tee natürlich süß und fast kalorienfrei.

Immer wieder wird behauptet, viele kleine Mahlzeiten oder »Imbisse« seien besser als drei reguläre Mahlzeiten. Das mag auf einige Menschen zutreffen und es gibt gewiß Krankheiten, die es notwendig machen. Für die meisten von uns ist jedoch die einfachste Methode die gesündeste: drei vernünftige, ziemlich regelmäßige Mahlzeiten am Tag.

Im Frühstadium der Umstellung brauchen Sie möglicherweise große Mahlzeiten, um sich an Ihre neue Ernährungsweise zu gewöhnen. Das ist in Ordnung. Fangen Sie dort an, wo Sie können. Wenn Sie nur dreimal am Tag essen, werden Sie feststellen, daß Sie auch nur dreimal aufhören müssen, und das Aufhören ist der schwierigste Teil, wenn Sie ein Eß- oder Gewichtsproblem haben.

*Fettarme Speisen sowie wasserreiches Obst und Gemüse können vom Verdauungsapparat sehr gut verwertet werden*

Wenn Sie sich vom Essen verwöhnen lassen, können Sie üppige Mahlzeiten genießen, und vielleicht haben Sie bald das Gefühl, daß drei dieser Mahlzeiten am Tag völlig ausreichen. Andererseits ernähren Sie sich von fettarmen Speisen und sehr wasserreichen Früchten und Gemüsen, die Ihr Verdauungsapparat sehr gut verwerten kann. Sie bleiben nicht »liegen« wie schwere, fettige Speisen, deren Verdauung aufwendig ist. Es kann daher sein, daß Sie vormittags, nachmittags oder vor dem Zubettgehen etwas essen möchten. Der beste Imbiß ist ein Stück Obst oder rohes Gemüse. Obst ist das gesunde »Fast Food«. Der natürliche Zucker in den Früchten gibt

Ihnen Energie, und Früchte gehören zu den fettärmsten Lebensmitteln.

Seien Sie flexibel, was Ihre Essenszeiten betrifft, und denken Sie flexibel. Angenommen, Sie müssen ohne Mittagessen schnell zum Flughafen und am Kiosk in der Abflughalle gibt es nur Schokoriegel und gesalzene Erdnüsse. Sie haben die Wahl. Sie können einen Schokoriegel oder Erdnüsse kaufen, oder Sie können warten, bis Sie etwas Besseres bekommen und ein bißchen hungrig sein. Was würden Sie tun? Wenn im Flugzeug etwas serviert wird, würde ich lieber warten. Wenn nicht, würde ich eine Tüte Erdnüsse kaufen. Normalerweise esse ich zwar keine gesalzenen Nüsse und halte mich zwischen den Mahlzeiten lieber an Obst, aber in diesem Fall wäre eine Ausnahme erlaubt. Ich möchte Ihnen keine unrealistischen Vorschläge machen, denn Sie sollen sie ja in Ihren Alltag einbauen können.

*Eine gesunde Ernährung sollte flexibel sein: Abweichungen sind manchmal erlaubt*

## Von der Liebe genährt

1. **Wählen Sie natürliche Lebensmittel pflanzlichen Ursprungs:** Obst, Gemüse, Vollkorngetreide, Hülsenfrüchte.
2. **Davon dürfen Sie reichlich essen.** Nehmen Sie ordentliche Portionen aus diesen vier Gruppen. Wenn Sie Salat mögen, essen Sie, soviel Sie wollen, sofern Sie keine dicke, fette Soße machen (in diesem Fall sollten Sie die Soße ändern oder reduzieren, nicht den Salat).
3. **Meiden Sie Nachschläge.** Das ist nur eine allgemeine Regel. Wenn Sie sich selbst servieren, nehmen Sie eine ausreichende Portion. Wenn Ihnen jemand eine sehr kleine Portion serviert, nehmen Sie noch eine.
4. **Stellen Sie neue Hauptgerichte zusammen,** so daß Reis, Kartoffeln oder ein großer Salat mit Nudeln oder

Bohnen dazu passen. Runden Sie die Mahlzeiten mit mehr Gemüse, Brot usw. ab.

5. **Essen Sie »reiche Verwandte« wie Nüsse, Avocados und Trockenfüchte nur in kleinen Mengen.** Wenn Sie gesund sind, nicht abnehmen müssen und zusätzliche Kalorien vertragen, können Sie mehr davon essen.

6. **Achten Sie auf Qualität.** Sie haben Besseres verdient als »Junk Food«. Verzichten Sie auf Zucker, Fett und zuviel Salz, und trinken Sie Kaffee, Schwarztee und Alkohol nur in kleinen Mengen oder gar nicht.

7. **Nehmen Sie drei Mahlzeiten am Tag ein,** sofern Ihr Arzt Ihnen nicht rät, häufiger zu essen. Setzen Sie sich beim Essen, und verwenden Sie ein Gedeck. Bemühen Sie sich, langsam zu essen.

8. **Wenn Sie Lust auf einen Imbiß haben, essen Sie Obst.** Akzeptieren Sie es, wenn Sie vor den Mahlzeiten eine Weile hungrig sind. Es schadet Ihnen nicht, zwischen Mittagessen und Abendessen und zwischen Abendessen und Zubettgehen auf Essen zu verzichten, es sei denn, Sie leiden an einer Krankheit, die kleine, häufige Mahlzeiten erforderlich macht.

9. **Essen Sie nur, wenn Sie seelisch und geistig ausgeglichen sind.** Wenn Sie spüren, daß die Eßgier Sie zu überwältigen droht – auch zur Essenszeit –, sammeln Sie sich erst, indem Sie einen verständnisvollen Freund anrufen, spazierengehen oder in Ihr Tagebuch schreiben.

10. **Richten Sie sich nach dem Ernährungsplan auf der nächsten Seite.** Machen Sie sich mit den grundlegenden Informationen über richtige Ernährung vertraut, die Sie im Kapitel 4 finden.

11. **Machen Sie sich nicht von der Waage abhängig.** Suchen Sie einen vernünftigen Mittelweg zwischen häufigem Wiegen und der Weigerung, sich überhaupt zu wiegen. Wiegen Sie sich z.B. ein- oder zweimal im Monat, und

*Für den kleinen Hunger zwischendurch ist Obst der ideale Imbiß*

bleiben Sie dabei. Sie werden abnehmen. Unterstützen Sie diesen Prozeß durch Körpertraining.[7]

12. **Suchen Sie die Hilfe, die Sie brauchen.** Bitten Sie jeden Morgen um Hilfe, damit Sie an diesem Tag vernünftig essen können. Danken Sie am Abend, auch wenn Sie nicht vollkommen waren.

13. **Räumen Sie sich selbst Priorität ein.** Nehmen Sie sich Zeit für die Mahlzeiten und ihre Zubereitung, für die Meditation, das Körpertraining und die Versammlungen Ihrer Selbsthilfegruppe. Das ist kein Egoismus, es ist Selbsterhaltung.

*Nehmen Sie sich Zeit für die Mahlzeiten und ihre Zubereitung*

## Ihr neuer Ernährungsplan

Wenn Sie die folgenden Richtlinien beherzigen, tun Sie viel für Ihre Gesundheit. Wenn Sie sich in ärztlicher Behandlung befinden, sprechen Sie vorher mit Ihrem Arzt über Ihren Ernährungsplan. Wenn Sie schwanger sind oder stillen, befolgen Sie den Rat Ihres Arztes und der Hebamme. Weitere Informationen finden Sie in den Büchern von *Hans Baumgardt* »Gesunde Kinder durch natürliche Lebensweise«, »Ohne Fleisch gesund leben« und »Ursache und Heilung von Allergien« (alle im Waldthausen Verlag erschienen).

[7] *Wenn Sie schon »Blitzdiäten« probiert haben oder an Bulimie leiden, kann es einige Zeit dauern, bis Ihr Körper auf normale, gesunde Kost durch Gewichtsveränderung reagiert. Seien Sie geduldig. Akzeptieren Sie sich selbst, und genießen Sie jeden einzelnen Tag. Denken Sie daran, daß Sie mit den Gesetzen der Natur arbeiten, die man weder drängeln noch täuschen kann. Seien Sie ein Teil des natürlichen Prozesses. Es geht um Ihr ganzes Leben; also gibt es keinen Grund zur Eile. Seien Sie nicht enttäuscht, wenn Ihr Gewicht sich nur langsam verändert. Wenn Sie sich von Zahlen beeindrucken lassen, beobachten Sie Ihren Cholesterinspiegel!*

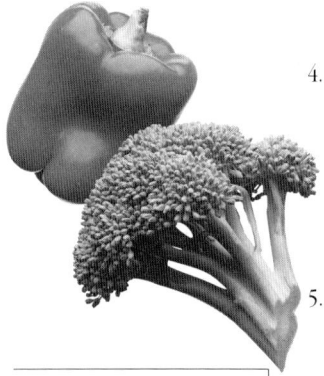

1. Essen Sie täglich Lebensmittel aus den »vier Gruppen«: Gemüse, Obst, Vollkornprodukte, Hülsenfrüchte.
2. Essen Sie mindestens einen großen Salat täglich. Er sollte aus verschiedenen Blattgemüsen (Kopfsalat, Spinat usw.) und anderen Gemüsesorten bestehen.
3. Essen Sie Obst und Gemüse, das reich an Vitamin C ist, zum Beispiel Zitrusfrüchte, Melonen, Paprika, Tomaten und Erdbeeren.
4. Der Verzehr von Lebensmitteln, die viel Vitamin C enthalten, zusammen mit eisenhaltigen Lebensmitteln fördert die Eisenresorption des Körpers. Reich an Eisen sind u.a. getrocknete Bohnen, Erbsen und Linsen, Trockenfrüchte, (z.B. Backpflaumen und Feigen), Mandeln, Cashews, Vollkornprodukte und Blattgemüse (grüne Gemüse enthalten auch reichlich Vitamin C).
5. Essen Sie mindestens zweimal täglich kalziumreiche Lebensmittel: Kohl, Brokkoli, Hafergrütze, Sojabohnen, Orangensaft, Mandeln. Fast alles, was Sie zu sich nehmen, enthält etwas Kalzium. Zahlreiche wissenschaftliche Studien lassen darauf schließen, daß Sie weniger Kalzium benötigen, wenn Sie auf tierische Produkte verzichten und sich vegetarisch ernähren (siehe dazu Kapitel 4).
6. Achten Sie darauf, bei gutem Wetter kurze Sonnenbäder zu nehmen, damit die Haut Vitamin D bildet. Das gilt vor allem für dunkelhäutige Menschen, die in nördlichen Zonen leben.
7. Wenn Sie seit drei Jahren keine tierischen Produkte mehr gegessen haben oder wenn Sie schwanger sind oder stillen, sollten Sie regelmäßig zusätzliches Vitamin $B_{12}$ (Cobalamin) einnehmen, um die empfohlene Mindestmenge von 2 Mikrogramm am Tag zu erreichen.
8. Essen Sie mindestens viermal in der Woche ein Kohlgemüse (Brokkoli, Rosenkohl, Blumenkohl usw.).
9. Diese Ernährung bietet Ihnen genügend Eiweiß. Sie brauchen also keine speziellen Lebensmittel oder deren Kom-

binationen, sofern Sie abwechslungsreich essen. Essen Sie nicht zu viele (eiweißreiche) Bohnen, eine Tasse täglich reicht.

10. Um den Fettverzehr niedrig zu halten, sollten Sie Nüsse, Samen, Oliven und Avocados mit Maßen essen und Öl zum Kochen und für Salatsoßen nur sparsam verwenden. Dünsten Sie Gemüse statt dessen in Wasser, nehmen Sie Apfelmus anstelle von Backfett, und benutzen Sie Geschirr, das ohne Fett auskommt. Beachten Sie jedoch den »Veganfaktor«. Der Arzt *Michael Klaper* schreibt dazu: *»Wer sich vegan ernährt, nimmt keine tierischen Fette zu sich und ernährt sich daher sehr fettarm und cholesterinfrei. Das Essen enthält wenig gesättigtes Fett, das in tierischen Produkten typischerweise enthalten ist ... Infolgedessen ist die sparsame Verwendung von Oliven- und Distelöl und (hitzebeständigem) Kokosnußöl in sehr kleinen Mengen zum schnellen Braten erlaubt ... Sie sollten jedoch von jedem Öl möglichst kleine Mengen verwenden. Streichen Sie nur ein wenig Fett auf den Boden der Pfanne, und gießen Sie kein Öl hinein. Essen und Gaumen werden dann weniger fettig.«*[8]

**Advocados enthalten viel Fett und sollten wenig gegessen werden**

[8] *Michael Klaper, »Vegan Nutrition: Pure and Simple« (Veganernährung - sauber und einfach). S. 45.*

# 4. Ernährung und Gesundheit

**D**ieses Kapitel geht detailliert auf den Zusammenhang zwischen Ihrer Ernährung und Ihrer Gesundheit ein. Wichtige Informationen helfen Ihnen, Ihre Eßgewohnheiten zu ändern, Mahlzeiten zusammenzustellen, die Ihre Gesundheit am meisten fördern und Fragen zu beantworten, die Ihnen mit Sicherheit gestellt werden, wenn andere Menschen merken, daß Sie Ihre Ernährungsweise umgestellt haben. Vielleicht möchten Sie dieses Kapitel auch mit Ihrem Arzt oder Ernährungsberater besprechen.

Viele Menschen sind stolz darauf, Omnivoren zu sein. *»Ich kann alles essen«* oder *»Ich kann Eisen verdauen«* sagen sie. Doch die Folgen sind verheerend, wenn wir alles Eßbare essen und unseren Magen behandeln, als sei er aus Stahl.

*Pflanzliche Produkte liefern Eiweiß, Kalzium und Eisen aus erster Hand*

Diese Folgen sind Übergewicht, Verdauungsstörungen und chronische Krankheiten. Das alles halten wir anscheinend für normal! Neue Diäten (jeden Monat eine), Medikamente gegen zuviel »Magensäure«, selbst Operationen sind fast alltäglich geworden. Vegetarische Ernährung ist zwar kein Allheilmittel, aber eine Alternative. Trotzdem reagieren die Leute oft abwehrend, wenn sie davon hören. Sie fragen:*»Woher bekommen Sie Ihr Eiweiß? Ihr Kalzium? Ihr Eisen?«* Die Antwort lautet: Wir nehmen alle diese Nährstoffe durch pflanzliche Nahrung zu uns. Pflanzliche Produkte liefern sie uns direkt, tierische Nahrungsmittel nur aus zweiter Hand.

Im folgenden möchte ich mir mit Ihnen die Schwächen der typischen Zivilisationskost ansehen und darlegen, wie man sie beseitigen kann. Dann besprechen wir eine Reihe von Gesundheitsstörungen, die in der westlichen Welt verbreitet sind. Sie werden feststellen, daß Ihre neue Ernährung viele Krankheiten verhüten und sogar heilen kann - dafür gibt es wissenschaftliche Beweise. Schließlich vergleichen wir die vegetarische Ernährung mit der Kost, die sich an den tradi-

tionellen »vier Gruppen« orientiert, und erörtern die Nährstoffe, die Vegetariern oft Sorgen bereiten.

## Was ist falsch an der typischen Zivilisationskost?

*Die vegetarische
Ernährung stützt
sich auf pflanzliche
Lebensmittel, sie
ist fettarm und
ballaststoffreich und
hat einen mittleren
Eiweißgehalt*

Die angesehenen medizinischen und ernährungswissen-
schaftlichen Zeitschriften veröffentlichen seit Jahrzehnten
Berichte, in denen die Ernährung des Menschen mit vielen
Krankheiten in Verbindung gebracht wird. Zahlreiche Studi-
en belegen, daß vegetarische oder nahezu vegetarische
Ernährungsformen das Risiko verringern, an den modernen
Zivilisationskrankheiten zu erkranken. Es gibt mehrere entscheidende Unterschiede zwischen einer natürlichen, vegetarischen Kost und der typischen Zivilisationskost. Die vegetarische Ernährung stützt sich auf pflanzliche Lebensmittel, sie
ist fettarm und ballaststoffreich und hat einen mittleren Eiweißgehalt. Die moderne Standardernährung besteht dagegen überwiegend aus tierischen Produkten; sie ist fettreich,
faserarm und viel zu eiweißreich. Sehen wir uns diese Unterschiede einmal genauer an.

## Die Nachteile von tierischen Nahrungs-mitteln

Der Arzt *Michael Klaper* behauptet unumwunden: *»Der Körper des Homo sapiens braucht das Fleisch von Tieren, die
Eier der Hühner und die Milch der Kühe nicht.«*[9] Wir können uns nicht nur ohne tierische Produkte gut ernähren, sondern es gibt eine Fülle von Beweisen dafür, daß sie für unse-

[9] *Michael Klaper, »Vegan Nutrition: Pure and Simple«,
(Veganernährung sauber und einfach).*

re Gesundheit sogar schädlich sind. Abgesehen davon, daß die meisten tierischen Nahrungsmittel zuviel Cholesterin, Fett und Eiweiß enthalten, sind sie auch die Hauptquelle für Purine, die den Blutfett- und Blutglukosespiegel erhöhen und dadurch wahrscheinlich die Fettspeicherung im Körper fördern.[10] Fleisch enthält kaum Kohlenhydrate, jene Nährstoffe, die 60 bis 80% der aufgenommenen Kalorien ausmachen sollten. Bei einem Mangel an Kohlenhydraten verschlechtert sich die körperliche Ausdauer. Streßhormone, die der Tierkörper vor dem Schlachten absondert, bleiben im Fleisch. Außerdem reichern sich im tierischen Gewebe Chemikalien an, die Sie mit dem Fleisch und der Milch aufnehmen.

Da tierische Nahrungsmittel viel mehr Toxine enthalten als pflanzliche (nach manchen Studien sechzehnmal mehr), reduzieren wir die Aufnahme dieser Gifte erheblich, wenn wir Pflanzen statt Tiere essen.

*Tiere konzentrieren und speichern die Gifte, die sie fressen*

Fische werden zwar nicht absichtlich mit Toxinen gefüttert, aber auch sie sind den Chemikalien ausgesetzt, die wir in unsere Flüsse, Seen und Ozeane leiten. Viele Fische sind stark mit Schwermetallen, Kohlenwasserstoffen (sie lösen Mutationen aus) und Radioaktivität aus der nuklearen Umweltverschmutzung belastet und erkranken beängstigend oft an Krebs.

**Tierische Nahrungsmittel sind fett.** Die typische westliche Kost, die überwiegend aus Fleisch, Fisch, Eiern und Milchprodukten sowie gebratenen und in Fett gebackenen Speisen

[10] *Agatha Trash und Calvin Trash. »Nutrition for Vegetarians« (Ernährung für Vegetarier), New Lifestyles Books. Seale, 1982, S. 119. Auch das Koffein im Kaffee, im Schwarz- und im Matetee, in Colagetränken und in manchen Medikamenten sowie das Theobromin im Kakao erhöhen den Blutfett- und den Blutglukosespiegel.*

besteht, liefert zuviel Fett – durchschnittlich 40% der Kalorien – und Cholesterin, das die Arterien verstopft. Fett enthält mehr als doppelt soviel Kalorien wie Eiweiß und Kohlenhydrate.[11] Mit anderen Worten: Wenn Sie Fett essen, konsumieren Sie mehr Kalorien durch weniger Nahrung. Wenn Sie so viele fette Speisen zu sich nehmen, daß Sie sich satt fühlen, nehmen Sie wahrscheinlich an Gewicht zu. Eine Verkleinerung der Portionen führt dazu, daß Sie hungrig vom Tisch aufstehen – der erste Schritt zum Scheitern einer neuen Diät.

Fett liefert aber nicht nur mehr Kalorien als andere Nahrungsmittel. Der Körper speichert es auch leichter. Die Leber speichert viele überschüssige Kalorien aus Kohlenhydraten in Form von Glykogen, damit sie bei Bedarf in Energie umgewandelt werden können. Nahrungsfett kann der Körper viel leichter in seinen eigenen Fettzellen speichern.

*Tierisches Fett enthält in der Regel viel mehr Kalorien als Gemüse, Obst, Getreide und Hülsenfrüchte*

Tierisches Fett enthält in der Regel viel mehr Kalorien als Gemüse, Obst, Getreide und Hülsenfrüchte. Außerdem unterscheidet es sich von pflanzlichem Fett: Es ist hauptsächlich gesättigtes Fett, das dazu beiträgt, den Blutcholesterinspiegel zu erhöhen.

Cholesterin wird sowieso in der Leber von Tieren und Menschen produziert, und zwar in ausreichenden Mengen. Das im Essen enthaltene Cholesterin ist daher überflüssig und zum Teil für die so häufig erhöhten Cholesterinspiegel verantwortlich. Wie bereits erwähnt, ist Cholesterin ausschließlich in tierischen Nahrungsmitteln enthalten. Wenn Sie sich vegetarisch ernähren, nehmen Sie also kein Cholesterin mehr zu

[11] *Fett enthält 9 Kalorien je Gramm. Eiweiß, und Kohlenhydrate (z.B. Zucker) enthalten 4 Kalorien je Gramm. Stärke - eine Verbindung aus Kohlenhydraten, Fasern und Wasser - liefert eine Kalorie pro Gramm.*

sich. Warum ist das ein Vorteil? In zahlreichen Studien wird ein erhöhter Cholesterinspiegel mit Herzkrankheiten in Verbindung gebracht, während ein niedriger Cholesterinspiegel möglicherweise auch vor anderen chronischen Krankheiten schützt. Erste Befunde der »Cornell-China-Oxford-Studie über Ernährung, Gesundheit und Umwelt«[12] deuten darauf hin, daß *»die sogenannten Zivilisationskrankheiten – Krebs, Herzkrankheiten, Diabetes und andere Krankheiten, die wir im Westen beobachten – um so häufiger vorkommen, je höher der Plasmacholesterinspiegel ist. Das ist ziemlich bemerkenswert, weil das Plasmacholesterin in China zwischen 100 und 200 Milligramm je Deziliter liegt. Mit anderen Worten: unser Tief ist für die Chinesen hoch. Das bedeutet, je niedriger der Cholesterinspiegel, desto besser. Hohe Cholesterinspiegel hängen mit dem Verzehr tierischer Nahrungsmittel zusammen – und offenbar brauchen wir nicht einmal viel davon zu essen.«*[13]

Selbst das sogenannte magere Fleisch enthält gesättigtes Fett und Cholesterin in erheblichen Mengen. Bei Geflügel ist es nur wenig besser, und Fisch kann extrem viel Cholesterin ent-

***Selbst das sogenannte magere Fleisch enthält gesättigtes Fett und Cholesterin in erheblichen Mengen***

[12] *Dieses groß angelegte Gemeinschaftsprojekt amerikanischer, britischer und chinesischer Wissenschaftler ist eine ungewöhnlich umfassende Studie über Gesundheit und Ernährung. Sie untersucht die Eßgewohnheiten von 6500 Chinesen und ist nicht nur wegen ihres Umfanges einzigartig, sondern auch wegen des Schauplatzes. In China leben die meisten Menschen ein Leben lang am selben Ort und essen die dort produzierten Nahrungsmittel. Krankheiten treten dort oft gehäuft auf und sind daher ein unvergleichlich günstiges Forschungsobjekt. Es wird viele Jahre dauern, um die gewonnenen Daten zu interpretieren; doch die ersten Befunde lassen eindeutig darauf schließen, daß eine vegetarische oder nahezu vegetarische Ernährung für die Verhütung chronischer Krankheiten optimal ist.«*

[13] *T. Colin Campbell, ein Ernährungsbiochemiker an der Cornell-Universität und der führende amerikanische Forscher bei diesem Projekt. Telefongespräch mit dem Autor im Februar 1991.*

halten, wenn auch die meisten Fischarten fettärmer sind als Fleisch. Einige pflanzliche Lebensmittel sind ebenfalls fettreich (Öl, Margarine, Nüsse, Samen, Oliven, Avocados und in geringerem Umfang Sojaprodukte), aber ihr Fett ist überwiegend ungesättigt. Ungesättigtes Fett wird nicht mit Herzkrankheiten in Verbindung gebracht, im Gegensatz zum gesättigten Fett der tierischen Produkte. Dennoch empfiehlt es sich, mit allen Fetten sparsam umzugehen. Einige Studien zeigen, daß Pflanzenöl in großen Mengen das Tumorwachstum fördert, und zudem haben gesättigte und ungesättigte Fette denselben (hohen) Brennwert.

Die vegetarische Ernährung ist der typischen Zivilisationskost überlegen, weil letztere fettreichen Nahrungsmitteln wie Fleisch und Eiern einen hohen Stellenwert einräumt. Milch, Eier, Butter und Käse werden außerdem bei der Zubereitung anderer Speisen von Beilagen bis zu Nachtischen verwendet, ebenso fettreiche pflanzliche Nahrungsmittel wie Salat- und Bratöl, Margarine und Erdnußbutter. Die vegetarische Ernährung verbannt das Cholesterin und zum größten Teil auch das gesättigte Fett, daher können Sie die fettreicheren pflanzlichen Lebensmittel mit Maßen essen, ohne daß Sie Bedenken haben müssen.

*Die vegetarische Ernährung verbannt das Cholesterin und zum größten Teil auch das gesättigte Fett*

**Tierische Nahrungsmittel sind ballaststoffarm.** Fleisch und Milchprodukte enthalten keine Pflanzenfasern, die für die normale Peristaltik des Darmes notwendig sind. Beim Mahlen des Getreides gehen die meisten Fasern verloren. Die Folge ist, daß Verdauungs- und Ausscheidungsprobleme bei den »gut genährten« Menschen in unserer Gesellschaft so häufig vorkommen, daß sie Weizenkleie oder Abführmittel aus natürlichen Pflanzenfasern schlucken oder Brot essen, das mit Ballaststoffen »angereichert« wurde. Fasern sollte man der Nahrung jedoch nicht hinzufügen – sie sollten von Natur aus in ihr enthalten sein.

*»Die Abführmittelindustrie existiert nur deshalb, weil wir die Fasern aus unserem Essen entfernt haben«*, sagt der Krebsforscher und Ballaststoffexperte *Dr. Denis Burkitt*.[14] Ballaststoffreiche Kost hilft, Cholesterinwerte zu senken. Sie bindet Gallensäuren im Verdauungstrakt und sorgt dafür, daß sie ausgeschieden werden. Eine solche Ernährung schützt wahrscheinlich vor Krampfadern, Hämorrhoiden, Hiatushernie, Appendizitis, Gallensteinen und Verstopfung.

Die besten Quellen für Ballaststoffe sind Vollkorngetreide und Hülsenfrüchte. Obst und Gemüse ist ebenfalls sehr faserreich.

**Tierische Nahrungsmittel enthalten zuviel Eiweiß.** Vor nicht allzu langer Zeit war »eiweißreich« ein Zauberwort und gleichbedeutend mit guter Ernährung. Natürlich ist Eiweiß notwendig. Aber die meisten Leute konsumieren viel zuviel davon, und dann kann es zu einem gesundheitlichen Problem werden. Nicht mehr als 15% der Kalorien einer normalen Kost sollten aus Eiweiß stammen. Die meisten Europäer essen jedoch regelmäßig tierische Nahrungsmittel, die 41% (Magermilch), 79% (Hüttenkäse) und sogar 88% (Thunfisch in Wasser) Eiweiß enthalten.

*Die meisten Menschen essen zuviel Eiweiß. Dabei sollten höchstens 15% der Kalorien aus Eiweiß stammen*

Vielleicht haben Sie schon gehört, daß Eiweiß Fett verbrennt. Diese Behauptung basiert auf der Beobachtung eines krankhaften Zustandes, den man *Ketose* nennt. Er kann auftreten, wenn Sie nach einer sehr einseitigen Diät leben, die fast nur Eiweiß und Fett, aber keine Kohlenhydrate enthält. Es ist viel wahrscheinlicher, daß eine hohe Eiweißzufuhr – vor allem wenn es sich um tierisches Eiweiß handelt – Übergewicht zur Folge hat. Aus der oben erwähnten China-Studie wissen wir,

[14] *Denis Burkitt, zitiert nach Neal Barnard, »The Power of Your Plate«, S. 121.*

**67**

daß die Chinesen im Durchschnitt 20% mehr Kalorien pro Pfund Körpergewicht verzehren als Amerikaner und Europäer, dennoch sind sie um etwa 25% leichter und dünner. Dies liegt vermutlich zum Teil daran, daß sie sich körperlich mehr bewegen. Außerdem ist die chinesische Kost fettärmer. Der Forscher *Colin Campbell* glaubt allerdings, daß die Zufuhr von Eiweiß, besonders von tierischem Eiweiß, ebenfalls eine Rolle spielt:

*»Es hat sich herausgestellt, daß ein größerer Teil der aufgenommenen Energie in Wärme umgewandelt und nicht in Form von Fett gespeichert wird, wenn die Eiweißzufuhr niedrig ist. Wer sich eiweißarm ernährt, wie es typischerweise Vegetarier tun, kann daher mehr Energie aufnehmen, ohne eine Gewichtszunahme befürchten zu müssen. Das ist übrigens eine alte Beobachtung. Man weiß das seit vielen Jahren, aber es wird meist ignoriert. Schauen Sie sich Veganer an: sie sind meist ziemlich mager. Sie haben kaum Probleme mit Übergewicht.«*[15]

## Krankheitsverhütung – der Vorteil des Vegetarismus

*Vegetarier, die Milch und Eier essen, sind oft etwas schlanker als andere*

Vegetarier genießen gegenüber Allesessern zahlreiche Vorteile:

**Übergewicht.** Vegetarier, die Milch und Eier essen, sind oft etwas schlanker als andere. Bei Veganern (strengen Vegetariern) ist das fast immer der Fall.

**Herzkrankheiten.** Veganer haben einen sehr niedrigen Cholesterinspiegel und leiden selten an Herzkrankheiten. Dieser Befund ist nicht neu. Schon im Juni 1961 stellte ein

[15] *T. Colin Campbell. Telefongespräch mit dem Autor im Februar 1991.*

68

Leitartikel im »Journal of the American Medical Association«
fest, daß eine strikte vegetarische Ernährung *»90% unserer
Thromboembolien und 97% der Koronarverschlüsse verhüten könnte.«*[16] Doch erst Ende der achtziger Jahre bestätig-
te die Arbeit von *Dean Ornish* und seinen Kollegen von der
staatlichen kalifornischen Univerität San Francisco, daß man
koronaren Krankheiten vorbeugen kann und daß man sie sogar heilen kann, wenn der Patient sich auf eine fettarme, vegetarische Kost umstellt und seine Lebensweise ändert, das
heißt Körpertraining betreibt und Streß abbaut.[17]

**Blutdruck.** Studien zeigen immer wieder, daß eine fettarme,
vegetarische Kost den Blutdruck senken kann. Ursache dafür
könnte die Schlankheit der Vegetarier sein, bei denen allerdings auch die Viskosität des Blutes niedriger ist. Der Diäteti-
ker *George Eisman* erklärt das so: *»In jedem Tier werden
vor dem Schlachten Streßhormone produziert. Dieselben
Hormone, die den Blutdruck des Tieres ansteigen lassen,
treiben auch unseren in die Höhe. Dazu sind nur ein paar
Moleküle erforderlich.«*[18]

*Veganer leiden selten
an Herzkrankheiten
und hohem Blutdruck*

**Diabetes.** Da Vegetarier schlanker sind, ist ihr Risiko, am Altersdiabetes zu erkranken, geringer. *»Eine fettreiche Kost,
selbst wenn sie nicht zu Fettleibigkeit führt, kann bei gene-
tisch prädisponierten Individuen Diabetes auslösen – vielleicht, weil die Körperzellen derart mit Fett verstopft sind,
daß das Insulin sie nicht auffordern kann, Zucker aus dem
Blut zu entfernen. Der Zucker (die Glucose) reichert sich

[16] *»Diet and Stress in Vascular Disease« (Ernährung und Streß bei
Gefäßkrankheiten), Journal of the American Medical Association
176(9)(1961): 806-807.*
[17] *Näheres bei »Dr. Dean Ornish's program for Reversing Heart
Disease«.*
[18] *George Eisman, Telefongespräch mit dem Autor im März 1991.*

*im Blut an, und die Folgen sind verheerend.«* Fettarme Nahrungsmittel, die reichlich unraffinierte Kohlenhydrate enthalten, werden erfolgreich bei der Behandlung des Diabetes angewandt.[19] Wenn eine solche Kost unter ärztlicher Aufsicht verabreicht wird, macht sie Medikamente (Insulin oder orale hypoglykämische Arzneien) beim Altersdiabetes oft überflüssig, beim Jugenddiabetes senkt sie den Insulinbedarf und verbessert die allgemeine Situation des Patienten.

*Vegetarierinnen leiden seltener unter Osteoporose, da sie weniger Eiweiß zu sich nehmen. Eiweiß, so wird vermutet, schwemmt Kalzium aus den Knochen*

**Osteoporose.** Brüchige Knochen, an denen vor allem Frauen nach der Menopause leiden, kommen bei Vegetarierinnen seltener vor, weil sie nicht so viel Eiweiß zu sich nehmen, daß Kalzium aus den Knochen geschwemmt werden könnte. Ausreichende, aber mäßige Eiweißzufuhr in Verbindung mit regelmäßigem Bewegungstraining scheint die beste Waffe gegen Osteoporose zu sein. Die Wirksamkeit von Kalziumpräparaten ist nicht schlüssig bewiesen, und wer zusätzliches Kalzium in Form von Milchprodukten verzehrt, macht die positive Wirkung des Kalziums, sofern es sie gibt, möglicherweise durch das zusätzliche Eiweiß zunichte.

**Brustkrebs.** Frauen, die täglich Fleisch essen, erkranken 3,8mal häufiger an Brustkrebs als Frauen, die seltener als einmal in der Woche Fleisch zu sich nehmen. Frauen, die jeden Tag Eier verzehren, erkranken 2,8mal öfter an Brustkrebs als Frauen, die sie einmal wöchentlich essen.[20] Mögliche Ursachen sind die Östrogenverwertung bei Vegetarierinnen (bei ihnen bleibt weniger Östrogen im Körper zurück als bei

[19] *Unter den Ärzten, die diesen Standpunkt vertreten, ist Julian M. Whitaker. Sein Buch »Reversing Diabetes« (Diabetes heilen), Warner Books, New York, 1987, behandelt dieses Thema.*
[20] *Diese Zahlen stammen aus einem Bericht von Takeshi Hirayama auf der Konferenz über Brustkrebs und Ernährung des amerikanisch-japanischen Krebsforschungsprogramms im März 1977 in Seattle..*

Fleischesserinnen) und der spätere Beginn der Menstruation bei Mädchen, die sich vegetarisch ernähren. Ein früher Beginn der Pubertät erhöht offenbar das Risiko, an Brustkrebs zu erkranken. »*Das Alter bei der Menarche ist bei Chinesinnen deutlich höher; es liegt zwischen 15,2 und 18,9 Jahren. In den USA beträgt das mittlere Alter bei der Menarche etwa 12 Jahre ... Eine Ernährung, die reich an Kalorien, Eiweiß, Kalzium, Fett und anderen wachstumsfördernden Faktoren ist, beschleunigt das Wachstum bei nicht geschlechtsreifen Mädchen und führt zu einer früheren Menarche.*«[21]

**Andere Krankheiten.** Auch einige andere Krebsarten – darunter Eierstock-, Prostata-, Dickdarm- und Rektumkrebs – kommen bei Vegetariern statistisch seltener vor. Der Verzicht auf Fleisch oder die drastische Verringerung des Konsums ist bei der Behandlung der Gicht üblich (die Purine im Fleisch scheinen die Krankheit zu verschlimmern). Dasselbe gilt für Nierenversagen (in diesem Fall muß der Eiweißverzehr insgesamt reduziert werden). Studien zeigen, daß Vegetarier seltener an Nieren- und Gallensteinen, Divertikulitis und Schlaganfällen leiden. Beim Schlaganfall ist eine Arterie im Gehirn blockiert. Die Blockade einer Herzarterie nennt man Herzanfall. Beides kann die gleiche Ursache haben: gesättigtes Fett und Cholesterin, die Blutgefäße verstopfen. Nur der Ort des Geschehens ist verschieden.

*Statistisch betrachtet sind Vegetarierinnen mit weniger Krebserkrankungen belastet*

Aus alledem können wir schließen, daß eine Umstellung auf eine vegetarische Ernährung für ein langes, gesundes und angenehmes Leben das Beste ist. Vernünftigerweise dürfen wir annehmen, daß eine Ernährungsweise, die uns vor so vielen

[21] T. Colin Campbell, »The Study on Diet, Nutrition and Disease in the Peoples's Republic of China« (Studie über Ernährung und Krankheit in der VR China), Contemporary Nutrition 14:6, 1989.

Krankheiten schützt und die so viele schädliche Substanzen nicht enthält, uns umgekehrt alle notwendigen Nährstoffe liefert.

## Ernährungslehre kurzgefaßt – Die Makronährstoffe

**Kohlenhydrate.** Nicht raffinierte Kohlenhydrate sind unsere wichtigste Energiequelle und das Lager für andere Nährstoffe. Kohlenhydrate teilt man in zwei Gruppen ein: Zucker und Stärke. Zucker ist ein einfaches Kohlenhydrat, das der Körper fast sofort verwerten kann. Stärke wird während der Verdauung in Zucker zerlegt. Natürlicher Zucker lagert in Früchten, wobei Trockenfrüchte am zuckerreichsten sind. Stärke ist in Getreide, Gemüse und Hülsenfrüchten enthalten.

*Statt Fabrikzucker verwenden Sie lieber natürlichen Zucker bzw. verzichten Sie möglichst ganz auf ihn*

Raffinierte Kohlenhydrate sind deshalb nachteilig für die Gesundheit, weil sie nährstofflos sind. Fabrikzucker ist der traurige Gipfel der Verarbeitung. Meiden Sie daher Limonaden und die üblichen Backwaren, und verwenden Sie statt dessen Datteln, Fruchtkonzentrat, Ahornsirup und Gerstenmalz zum Kochen. Denken Sie aber daran, daß jede Süße vom Zucker herstammt und daß selbst natürliche Süßstoffe im Übermaß schädlich sind.

Maissirup, brauner Zucker, Rohzucker, Fruktose, Dextrose, Sukrose und Laktose sind Zucker. Hüten Sie sich also vor jedem verpackten Produkt, das diese Stoffe enthält. (Die Bestandteile sind auf dem Etikett in der Reihenfolge der jeweiligen Mengen angeführt. Einige Hersteller sind jedoch so schlau, zwei oder drei Zuckerarten zu verwenden, so daß Zucker nicht an erster oder zweiter Stelle erscheint.)

Stark verarbeitetes Getreide – Weißmehl, polierter Reis, entkeimtes Maismehl – ist ebenfalls nährstofflos. Einige Produkte sind zwar »angereichert«, aber bleiben Sie besser bei Vollkornprodukten und einfachen Getreideflocken. Verzichten Sie auf fettige, süße Produkte. Allerdings sind raffinierte Kohlenhydrate selbst fettreichen Nahrungsmitteln überlegen. Gemüse-Chop-Suey mit poliertem Reis ist besser als das gleiche Gericht mit fettem Schweinefleisch, und zu Nudeln aus Weißmehl essen Sie besser Salat als Hackfleisch.

**Eiweiß.** Das goldene Zeitalter des Eiweißes ist vorbei – die Zeit, als wir noch glaubten, hoher Eiweißkonsum könne Fett »wegschmelzen« und Proteinshampoos könnten gespaltene Haare reparieren. Heute wissen wir, daß Eiweiß nichts weiter ist als ein Nährstoff, der unter anderem zum Wachstum, zur Reparatur von Geweben und zur Abwehr von Infektionen benötigt wird. Die in den USA empfohlene Tagesmenge beträgt 63 Gramm für erwachsene Männer und 50 Gramm für eine nicht schwangere Frau. Diese Werte liegen ein gutes Stück über den Empfehlungen der »World Health Organisation« (WHO), die einem Mann nur 39 Gramm und einer Frau 29 Gramm pro Tag gönnt. Es ist nicht schwer, diese Empfehlungen zu befolgen, wenn Sie sich vielseitig, natürlich und pflanzlich ernähren. Außerdem ist es ratsam, die genannten Mengen nicht oft zu überschreiten, da Kalziumverluste und Nierenschäden zu den Störungen gehören, die mit übermäßigem Eiweißkonsum zusammenhängen.

*Eiweiß ist ein Nährstoff, der unter anderem zum Wachstum, zur Reparatur von Geweben und zur Abwehr von Infektionen benötigt wird*

Eiweiß besteht aus Aminosäuren. Acht von ihnen, die »essentiellen Aminosäuren«, müssen im Essen enthalten sein. Früher glaubte man, nur tierische Nahrungsmittel könnten uns mit einem vollständigen – d.h. alle Aminosäuren enthaltenden – Eiweiß versorgen und man müsse pflanzliche Lebensmittel (am besten Getreide und Hülsenfrüchte) sorgfältig kombinieren und während derselben Mahlzeit verzehren,

*Um den täglichen Eiweißbedarf zu decken, genügt eine Tasse Bohnen*

um eine ausreichende Eiweißversorgung zu gewährleisten. Das ist nicht richtig. Essen Sie einfach verschiedene Lebensmittel während des Tages. Es gibt zwar viele pflanzliche Lebensmittel, die eiweißreich sind - Erdnüsse, getrocknete Bohnen und Erbsen, Sojaprodukte wie Tofu -, aber Sie brauchen diese Produkte nicht zu bevorzugen. Eine Tasse Bohnen am Tag genügt schon. Und wenn Sie eine Vielfalt natürlicher Lebensmittel essen, nehmen Sie reichlich Eiweiß zu sich, selbst wenn Sie auf Bohnen verzichten.

**Fett** ist eine konzentrierte Energiequelle, die uns mit Wärme und lebenswichtigen Fettsäuren versorgt. In den USA und Westeuropa ist es kein Problem, genügend Fett zu sich zu nehmen. Die typische Kost enthält 40% Fett, erheblich mehr als die empfohlenen 10 bis 25%.[22] Gesättigtes Fett ist vor allem in tierischen Nahrungsmitteln - z.B. Butter, Käse und Fleisch - sowie in einigen pflanzlichen Lebensmitteln - besonders in Kokosnüssen, Schokolade und Palmöl - enthalten. Reich an ungesättigtem Fett sind Pflanzenöl, Margarine, Nüsse, Samen und Avocados.

Gesättigtes Fett kann den Cholesterinspiegel erhöhen und Herzkrankheiten mitverursachen. Im Grunde werden aber alle Fette verdächtigt, die Entstehung bestimmter Krebsarten zu fördern. Nach heutigem Wissensstand ist es daher ratsam, wenig Fett zu essen. Das gelingt am besten, wenn Sie auf Gebratenes und auf tierische Produkte verzichten und fettreiche

[22] *Nach konservativen Empfehlungen soll die Kost weniger als 30% Fett enthalten. Heute gibt es jedoch Beweise dafür, daß wir deutlich darunter bleiben müssen, wenn wir ernährungsbedingte Krankheiten verhüten wollen. Es ist jedoch sehr umständlich, jeden Tag den prozentualen Fettgehalt des Essen zu bestimmen. Sie brauchen sich über das Fett keine Sorgen zu machen, wenn Sie Gemüse, Salate, Obst, Vollkornprodukte und Hülsenfrüchte essen.*

**74**

pflanzliche Lebensmittel, zum Beispiel Erdnußbutter und ölige Salatsoßen, nur in Maßen essen.

**Auch Ballaststoffe sind wichtig!** Ballaststoffe sind zwar keine Nährstoffe, aber diese unverdaulichen Pflanzenfasern sind wichtig für die Verdauung und Ausscheidung. Gemüse und Salate, Obst, Vollkornprodukte und Hülsenfrüchte liefern Ihnen genügend Ballaststoffe, auch ohne Kleie als Abführmittel oder zur Senkung des Cholesterinspiegels. (Übrigens ist Ihre neue Ernährung frei von Cholesterin, so daß Sie kaum ein zusätzliches Mittel benötigen, das den Cholesterinspiegel senkt.) Fleisch und die meisten anderen tierischen Produkte sind nahezu frei von Ballaststoffen. Durch die Verarbeitung gehen Fasern verloren. Obst ist daher besser als Obstsaft, Vollkornbrot ist daher besser als Weißbrot, Kartoffeln mit Schale sind besser als geschälte Knollen und so weiter.

*Nüsse enthalten ungesättigtes Fett*

# Ernährungslehre kurzgefaßt – Die Mikronährstoffe

Vitamine und Mineralien nehmen nicht viel Raum im Körper ein, sind aber sehr wichtig. Und wenn Sie berücksichtigen, daß die Ernährungslehre noch eine recht junge Wissenschaft ist, die wahrscheinlich noch nicht alle essentiellen Nahrungsbestandteile entdeckt hat, ist es besonders wichtig, unbehandelte und unverarbeitete Lebensmittel zu essen, die nicht durch Mahlen oder Konservierung in Dosen ihre besten Wirkstoffe verloren haben.

## Mineralien

Mineralien sind Elemente, die zum Aufbau von Körpergewebe notwendig sind und die die Verdauung und die Temperaturregelung unterstützen. Zu den wichtigsten gehören:

*Wenn Sie Vitamin C-reiche Kost zusammen mit eisenreicher Kost essen, verbessern Sie die Eisenresorption*

**Eisen.** Dieses Mineral ermöglicht die Sauerstoffversorgung des Blutes; außerdem ist es an der Abwehr von Krankheiten und der Bildung von Blutkörperchen beteiligt. Eisenhaltig sind Salate und grüne Blattgemüse (Grünkohl, Brokkoli), Hülsenfrüchte (Kichererbsen, Limabohnen, Saubohnen), Vollkornprodukte, Obst und Trockenfrüchte. Wenn Sie Vitamin C-reiche Kost zusammen mit eisenreicher Kost essen, verbessern Sie die Eisenresorption. Die empfohlene Tagesmenge beträgt 10 Milligramm am Tag für Männer und 15 Milligramm für Frauen.

**Jod.** Der Körper braucht eine winzige Menge (100 bis 300 Mikrogramm) dieses essentiellen Minerals für die Energieproduktion und die reibungslose Funktion der Schilddrüse. Jod ist reichlich in Algen (Kelp, Rotalgen, Nori) enthalten, außerdem in Gemüse, das nahe der Küste angebaut wurde (dort enthält der Boden in beträchtlichen Mengen Jod ).

**Kalzium.** Kalzium ist sehr wichtig für die Knochen- und Zahnbildung, die Blutgerinnung, die Muskelkontraktion und die Nervenleitung. Da hoher Eiweißkonsum die Kalziumvorräte des Körpers erschöpft, brauchen Menschen mit geringerer, aber ausreichender Eiweißzufuhr (zum Beispiel durch natürliche, pflanzliche Lebensmittel) weniger Kalzium als Fleischesser. Die empfohlene Tagesmenge beträgt derzeit 1200 Milligramm am Tag für junge Menschen zwischen 11 und 24 Jahren und 800 Milligramm für ältere Menschen. Die WHO empfiehlt dagegen nur 500 Milligramm täglich. Kalziumreiche Lebensmittel sind unter anderem Salate und grüne

Blattgemüse (an erster Stelle der Grünkohl), Algen, Nüsse (z.b. Mandeln und Haselnüsse), Hülsenfrüchte (z.B. Kichererbsen und gescheckte Feldbohnen) sowie Tofu, der mit Kalziumsulfat kultiviert wurde.

**Phosphor.** Phosphor wird für eine Reihe physiologischer Prozesse benötigt, unter anderem für die Energieproduktion. Hauptsächlich ist der Phosphor aber die »rechte Hand« des Kalziums und wichtig für die Entwicklung der Zähne und Knochen. Viele Lebensmittel enthalten Phosphor, und es ist für Erwachsene kein Problem, die empfohlene Tagesmenge von 800 Milligramm aufzunehmen. Zu den phosphorreichen Lebensmittel gehören Getreide, Hülsenfrüchte, Erdnüsse und Erdnußbutter.

**Magnesium.** Dieses Mineral benötigt der Körper für die Aufrechterhaltung des Säure-Basen-Gleichgewichts[23] und für den Blutzuckerstoffwechsel. Es ist in Erdnüssen, Mandeln, Hülsenfrüchten (vor allem Limabohnen und Sojabohnen), Hirse, Weizen und Roggen enthalten. Die empfohlene Tagesmenge für Erwachsene beträgt 300 bis 350 Milligramm.

*Zur Aufrechterhaltung des Säure-Basen-Gleichgewichts benötigt der Körper Magnesium*

**Kalium.** Das Herz, die Muskeln und die Nerven benötigen Kalium, um leistungsfähig zu bleiben. Enthalten ist es in Algen, Soja- und Limabohnen, getrockneten Aprikosen, Sonnenblumenkernen und Backpflaumen.

**Natrium.** Wir verlieren Natrium durch den Schweiß, den Urin und den Stuhl, und wir ersetzen es durch die Nahrung. Die meisten Menschen nehmen aber viel zuviel Natrium auf. Die bekannteste Natriumquelle ist das Tafelsalz. Milchpro-

[23] *Dr. Philippe-Gaston Besson, »Dynamisch leben durch Säure-Basen-Gleichgewicht«, Waldthausen Verlag.*

dukte, Fleisch, Dosengemüse, Backwaren und Imbißkost erhöhen die Zufuhr zusätzlich. Frische Salate und Gemüse enthalten ausreichend Natrium, darum sollten Sie Salz und Sojasoße nur sparsam verwenden.

**Selen.** Dieses Spurenelement hat entgiftende Eigenschaften. Es ist in Vollkornprodukten, Brokkoli, Edelhefe und Zwiebeln enthalten.

**Zink.** Dieses Mineral brauchen wir für das normale Wachstum, die Fortpflanzung und die Wundheilung. Enthalten ist es in Hafermehl, Erdnüssen, Erbsen, getrockneten Bohnen und sogar Popcorn. Angeblich hemmt die im Getreide enthaltene Phytinsäure die Zinkresorption, wissenschaftlich ist das jedoch nicht nachgewiesen.

## Vitamine

*Gedünstetes Gemüse erhält die Vitamine; am vitaminreichsten ist rohes Gemüse*

Diese Substanzen sind nur in kleinen Mengen im Organismus vorhanden, für den Stoffwechsel sind sie jedoch sehr wichtig. Vitamine sind entweder fettlöslich (A, D und E) oder wasserlöslich (B und C). Die wasserlöslichen gehen bei sorgloser Zubereitung leichter verloren. Langes Einweichen und Kochen sind Vitaminräuber, darum ist es besser, wenn Sie dünsten, backen oder leicht braten. Verwenden Sie Kochwasser als Suppengrundlage. Noch besser: Essen Sie Rohkost, wann immer Sie können. Ein guter Salat versorgt Sie mit den nötigen Vitaminen.

**Vitamin A.** Wichtig für gesunde Haut, gute Augen und die Atemwege, enthalten in gelben und dunkelgrünen Gemüsen und Früchten: Süßkartoffeln, Gelbe Rüben, Melonen, getrocknete Aprikosen, Grünkohl, Spinat. Die empfohlene Tages-

menge beträgt für erwachsene Männer 800 Mikrogramm, für Frauen 1000 Mikrogramm.

**Vitamin-B-Komplex.** Notwendig für die Verdauung, die Eiweißaufspaltung und das Nervensystem. B-Vitamine werden nicht ohne Grund als »Komplex« bezeichnet: Sie sind eine Gruppe von zusammengehörigen Vitaminen. Edelhefe ist die klassische Vitamin-B-Quelle; aber B-Vitamine sind auch in Vollkornprodukten, Weizenkeimen und Erdnüssen enthalten.

*B-Vitamine sind in Vollkornprodukten, Hülsenfrüchten, Nüssen und Reis enthalten*

Vitamin $B_1$ (Thiamin) fördert den Appetit und unterstützt die Blutbildung und den Kohlenhydratstoffwechsel. Gute Quellen sind brauner Reis, Sonnenblumenkerne sowie Sojabohnen und andere Hülsenfrüchte.

Vitamin $B_2$ (Riboflavin) fördert die Bildung von Antikörpern und roten Blutkörperchen, die Zellatmung und den Stoffwechsel aller Nährstoffe. Gute Quellen sind Mandeln, Weizenvollkornbrot, wilder Reis, Blattgemüse und Hülsenfrüchte.

Vitamin $B_4$ (Niacin) wird für den Zellstoffwechsel und die Zellatmung sowie für die Resorption der Kohlenhydrate benötigt. Die Niacinmangelkrankheit Pellagra war weit verbreitet, bevor Nahrungsmittel aus raffiniertem Getreide »angereichert« wurden. Gute Quellen sind brauner und wilder Reis, Erdnüsse, Hirse und Kohl.

Vitamin $B_6$ (Pyridoxin) fördert die Bildung von Antikörpern und die Salzsäureproduktion. Gute Quellen sind Paprikaschoten, grüne Blattgemüse, Blumenkohl, Zitrusfrüchte und Kartoffeln.

Vitamin $B_{12}$ (Cobalamin) ist wichtig für das Nervensystem und das Blut, wenn auch nur in winzigen Mengen. Da es von Mikroorganismen hergestellt wird, können wahrscheinlich die meisten Menschen ihren Bedarf durch die Mikroben im Mund und im Darm decken. Vitamin $B_{12}$ kommt in pflanzlichen Lebensmitteln so gut wie nicht vor. Strenge Vegetarier

sollten daher B$_{12}$-Tabletten einnehmen oder regelmäßig Nahrungsmittel essen, die mit Cobalamin angereichert sind, um den empfohlenen Tagesbedarf von 2 Mikrogramm zu decken.

**Vitamin C.** Beteiligt an der Kollagenproduktion, der Verdauung, der Wundheilung und der Infektionsabwehr. Reich an Vitamin C sind Zitrusfrüchte, Melonen, Erdbeeren, Paprikaschoten, Kohlgewächse und einige Kartoffelsorten. Die empfohlene Tagesmenge beträgt 60 Milligramm für Erwachsene. Allerdings lassen zahlreiche wissenschaftliche Studien darauf schließen, daß eine höhere Zufuhr optimal ist.

**Vitamin D.** Dieses »Sonnenvitamin« ist wichtig für Zähne und Knochen, darum ist es für Kinder und schwangere Frauen von besonderer Bedeutung. Auch für den Kalziumstoffwechsel und die Herzfunktion wird es benötigt. Obwohl Milchprodukte und Margarine häufig mit Vitamin D »angereichert« werden, hat die Natur vorgesehen, daß wir diese Substanz unter Einwirkung der Sonnenstrahlen in der Haut selbst bilden. Da die Sonne nicht das ganze Jahr über scheint, speichert der Körper Vitamin D in den Geweben.

**Vitamin E.** Dieses Vitamin ist ein Antioxidans, das die Oxidation der Zellmembranen und des Vitamins A verhindert. Es ist in vielen Lebensmitteln enthalten, vor allem in Getreide, Weizenkeimen, Süßkartoffeln, Salaten, Blattgemüse und weißen Bohnen. Die empfohlene Tagesmenge beträgt 8 Milligramm für erwachsene Frauen und zehn Milligramm für Männer.

# 5. So verwöhnen Sie sich mit Essen

In diesem Kapitel befassen wir uns damit, wie Sie sich auch im Alltag mit Ihrem Essen verwöhnen können. Sie erfahren praktische Dinge, um beim Einkauf im Supermarkt und im Restaurant auf Ihre Ernährung achten zu können.

Sie haben sich auf den Weg zu Ihrer inneren Kraft gemacht. Das heißt, daß Sie sich selbst, andere und das Leben immer mehr lieben lernen. Durch die Nahrung, die Sie wählen, durch die Qualität des Brennstoffs, den Sie Ihrem Körper geben, können Sie diese Liebe ausdrücken. Sie wissen jetzt, daß eine liebevolle Ernährung einen wichtigen Beitrag zu Ihrem körperlichen Wohlbefinden leisten kann, daß sie Ihnen hilft, Ihr Idealgewicht zu erlangen und zu behalten und daß ihre Wirkung über Ihre persönliche Gesundheit hinausgehen und dazu beitragen kann, eine liebevollere Gesellschaft und eine gesündere Umwelt zu schaffen.

*Durch die Nahrung, die Sie auswählen, drücken Sie die Beziehung zu Ihrem Körper aus*

## Ein sanfter Übergang

Ehe wir uns mit der neuen Ernährung befassen, wollen wir uns nochmal ein wenig dem Wandel selbst zuwenden. Bitte holen Sie ein Blatt Papier und einen Bleistift. Ich möchte einige Listen mit Ihnen zusammen erstellen.

Schreiben Sie jetzt drei wirklich wichtige, positive Veränderungen in Ihrem Leben auf, über die Sie heute sehr froh sind. Denken Sie an die Zeit zurück, als die Veränderungen begannen. Liebten Sie diesen Wandel, oder mußten Sie sich erst daran gewöhnen? Gefielen Ihnen die positiven Veränderungen (Studium, Umzug aufs Land, ein neuer Beruf in der Lebensmitte usw.) von Anfang an, oder dauerte die Anpassung eine Weile?

Meine Liste der wichtigen, positiven Veränderungen lautet:
1. Ich lebte nach meinem High-School-Abschluß in London;
2. ich wurde Mutter;
3. ich gab meine feste Stellung bei einer Zeitschrift auf und arbeitete freiberuflich.

*Wagen Sie sich an eine positive Veränderung: Verwöhnen Sie sich mit Ihrer Nahrung*

Das waren Wendepunkte in meinem Leben, für die ich sehr dankbar bin. Trotzdem – als ich im Alter von achtzehn Jahren in der riesigen Hauptstadt eines fremden Landes ankam, wollte ich mich zunächst am liebsten umdrehen und durch den Zoll zurücklaufen. Als meine Tochter geboren wurde, wurde mir schnell klar, daß keines der siebenundfünfzig Bücher, die ich während meiner Schwangerschaft gelesen hatte, mich wirklich auf die Pflege eines winzigen menschlichen Wesens vorbereitet hatte. Und als ich die Sicherheit einer festen Anstellung gegen die Selbständigkeit eingetauscht hatte, in der ich mich selbst behaupten mußte, hatte ich das Gefühl, auf einem Drahtseil ohne Netz zu stehen.

Diese verschiedenen Ereignisse umfassen einen Zeitraum von zwanzig Jahren, und jedes von ihnen verlangte Geduld und Beharrlichkeit von mir, bis mir klar wurde, daß sie mein Leben bereicherten. Wahrscheinlich haben Sie Ähnliches in Ihrem Leben erlebt. Und jetzt wagen Sie sich an eine neue positive Veränderung: sich mit einer gesunden und liebevollen Ernährung zu verwöhnen. Vielleicht brauchen Sie sich nur geringfügig zu ändern – zum Beispiel weil Sie bereits Vegetarier sind, aber bisher nicht auf Käse und Eiscreme verzichten konnten. Möglicherweise müssen Sie aber eine vollständige Kehrtwendung in bezug auf Ihre Eßgewohnheiten machen. Auf jeden Fall ist diese Veränderung für Sie wichtig, einerlei, ob sie geringfügig oder umfassend ist. Sorgen Sie für einen sanften Übergang. Wenn der Entschluß, durch Ihre Nahrungsauswahl Liebe zu sich selbst und zu anderen auszudrücken, aus Ihrem Herzen kommt, werden Sie damit Erfolg

haben. Sie müssen nicht alles sofort wissen. Sie brauchen nur für die heutigen drei Mahlzeiten die allerbesten Lebensmittel auszuwählen, die Sie kennen. Morgen werden Sie ein wenig mehr wissen, und Ihre Auswahl wird dieses Wissen widerspiegeln.

Ich möchte Ihnen bei diesen Auswahlmöglichkeiten helfen. Beginnen wir mit Lebensmitteln, die Sie bereits kennen: Obst, Salaten und Gemüse, Getreide und Hülsenfrüchten.

## Früchte – Bonbons der Natur

Obst schmeckt fast jedem Menschen. Gewiß, wenn Sie sehr gern Bonbons oder Kekse naschen, spricht Sie das delikate Aroma der Früchte nicht mehr an. Doch nach wenigen Tagen ohne Süßigkeiten wird Obst wieder zum Leckerbissen. Es ist süß und köstlich, eine wahre Vitaminfabrik und nahezu ohne Fett. Obst ist ein ideales Frühstück, ein handlicher Imbiß oder ein leichter Nachtisch.[21]

Nehmen Sie wieder Ihr Blatt Papier zur Hand, und schreiben Sie Ihre zehn Lieblingsfrüchte auf. Das ist nur scheinbar viel, wenn Sie erst einmal begonnen haben, fällt Ihnen die Aufgabe leicht. Denken Sie z.B. an die exotischen Früchte, die Sie während Ihres Urlaubs gegessen haben. Sie werden sehen, daß Sie bereits einige der wohlschmeckendsten Leckerbissen der Natur kennen – und es gibt noch eine ganze Menge mehr. Jetzt möchte ich Ihnen meine zehn Favoriten vorstellen.

*Obst ist ein leckerer Nachtisch, aber auch ideal zum Frühstück oder als Zwischenmahlzeit*

[21] *Manche Menschen haben Verdauungsbeschwerden, wenn Sie Obst zusammen mit anderen Nahrungsmitteln essen. Für sie ist es am besten, Obst auf leeren Magen zu essen. Einzelheiten zu diesem Thema finden Sie in dem Buch »Fit fürs Leben« von Marilyn und Harvey Diamond, Waldthausen Verlag.*

*\* Lieferhinweise erhalten Sie auf Anfrage vom Fit fürs Leben-Service, Postfach 1261, 27718 Ritterhude*

**Bananen.** Die meisten Leute wissen nicht, daß es mehr als ein Dutzend verschiedene Bananenarten gibt. Gefrorene Bananen machen aus einem simplen Mixgetränk eine cremige Köstlichkeit. Man kann daraus sogar einen Leckerbissen bereiten, der einem Speiseeis erstaunlich ähnlich ist. Verwenden Sie völlig reife Bananen (mit braunen Punkten auf der Schale), schälen Sie sie, und frieren Sie sie in luftdichten Behältern ein. Wenn Sie einen »Suco«-Entsafter\* haben, können Sie ganze gefrorene Bananen verarbeiten. Als Alternative können Sie die Bananen in Scheiben schneiden und in der Küchenmaschine pürieren.

**Kirschen.** Kirschen erinnern mich an meinen Vater. Wenn ich ihn besuchte, gingen wir zu einem Kaufmann, der auf dem Stadtmarkt die dunkelsten, süßesten Kirschen der Saison anbot. Da Kirschen Kerne haben, können wir sie nicht hinunterschlingen. Vielleicht will die Natur uns sagen: »*Ich habe mir damit große Mühe gegeben. Also nimm dir Zeit und genieße sie.*«

**Cantaloupe-Melonen.** Wahrscheinlich stünden Cantaloupe-Melonen nicht auf meiner Liste, wenn man aus saftigen, reifen Früchten nicht solche köstlichen, sahnigen Shakes bereiten könnte. Schneiden Sie eine Melone in Würfel (Seitenlänge etwa 3 cm), und schütten Sie diese in einen Mixer. Fügen Sie nur soviel Wasser hinzu, daß der Mixer die Frucht verflüssigen kann. Es ist wirklich erstaunlich, wie dick und sahnig das Produkt wird – ein exquisites leichtes Frühstück oder ein kühlender Genuß an einem Sommernachmittag.

**Datteln.** Datteln sind »reiche Verwandte«, sehr süß und konzentriert. Ihnen fehlt der hohe Wassergehalt der meisten frischen Früchte. Als Imbiß sind sie zu kalorienreich (außer für aktive Kinder, Sportler und Personen, die zunehmen wollen), aber vier oder fünf große Datteln mit Kopfsalatblättern, Sel-

lerie und einigen knackigen Apfelstücken sind mein Lieb-
lingsmittagessen im Herbst.

**Mangos.** Sie sind am besten, wenn sie reif sind. Schneiden
Sie kreuzweise in die Frucht. Fangen Sie oben an, und fahren
Sie mit dem Messer einige Zentimeter seitlich nach unten.
Dann können Sie die Mango mit der Hand schälen. Auch eine
reife, geschälte, gefrorene Mango können Sie im »Suco«-Ent-
safter verarbeiten, und Sie erhalten einen leckeren Saft.

**Papaya.** Papayas sind etwas für Kenner. Natürlich können die
bei uns erhältlichen Früchte nicht mit den baumgereiften tropischen Köstlichkeiten mithalten. Trotzdem – wenn Sie eine
Frucht völlig reif werden lassen (sie ist dann gelb und gefleckt
und fühlt sich an wie eine reife Avocado) – ist sie ein Hochge-
nuß. Essen Sie keinen einzigen der schwarzen Samen, die Sie
aus der Mitte herausholen – sie sind bitter.

**Erdbeerbaumfrüchte.** Sie haben ihren Namen bekommen,
weil die Blüten des Baumes wie Erdbeerblüten aussehen. Diese tropische Frucht läßt sich nicht gut transportieren,
darum können Sie sie hierzulande kaum kaufen. Aber
wenn Sie einen Traumurlaub in einem Land machen,
in dem es immer warm und sonnig ist, sollten Sie
nach diesen traubengroßen Früchten Ausschau halten.
Sie schmecken ein wenig nach Karamel.

**Wassermelonen.** Ich mochte Wassermelonen solange nicht,
bis ich in ihr Geheimnis eingeweiht wurde: Man muß sie allein, nicht zusammen mit anderen Speisen essen. Wer von
Melonen Verdauungsstörungen bekommt, ist oft angenehm
überrascht, wenn er sie »pur« ißt. Essen Sie ruhig viel davon.
Die Größe täuscht, denn eine Wassermelone besteht
hauptsächlich aus Wasser.

**85**

Das waren meine Lieblingsfrüchte. Aber es gibt ja noch Äpfel, Orangen, Grapefruits, Mandarinen, Honigmelonen, Sternäpfel, Granatäpfel, Ananas, Kumquats, Birnen, Pfirsiche, Nektarinen, Aprikosen, Weintrauben, Kiwis, Feigen, Pflaumen, Heidelbeeren, Brombeeren und so weiter – Früchte für jedes Klima und für alle Jahreszeiten.[25] Wie Sie sehen, ist die Natur überaus reichhaltig. Um das Kapitel »Früchte« abzuschließen, folgen noch einige ergänzende Tips.

## Verwöhnen Sie sich mit SonnenKost

*Sonnengereiftes Obst und Gemüse verwöhnt Sie mit natürlichem Geschmack und vielen Vitaminen*

Viele Erwachsene teilen leider immer noch das Vorurteil mancher Fünfjährigen, Salate und Gemüse seien doch nur »Kaninchenfutter«. Seien wir realistisch: Man braucht ein bißchen Weisheit, um das Wertvolle an Salaten und Gemüse zu entdecken. Kinder haben sie nicht. Und phantasielose Menschen, die sich Gemüse nur als Erbsen in Dosen oder als Salatblatt in einem Hamburger vorstellen können, haben sie ebenfalls nicht. Aber Sie haben sie, und darum beschäftigen wir uns jetzt mit Salaten und Gemüse. Denken Sie an Gemüse, das Ihnen wirklich schmeckt – ohne Sahnesoße oder Butterklumpen – und das Sie nicht braten müssen, sondern roh oder gedünstet mögen.

Schreiben Sie bitte zehn Gemüse auf, die Sie gern essen. Machen Sie zwei Spalten, eine mit fünf Gemüsen, die Sie roh mögen (ich nenne sie »SonnenKost«) und eine mit fünf Gemüsen, die Sie gern gekocht essen. (Einige passen in beide Rubriken; aber zählen Sie trotzdem zehn verschiedene Gemüse auf.) Meine Favoriten sind:

[25] *Mehr über Auswahl, Lagerung und Zubereitung von Früchten lesen Sie in »Warenkunde Obst und Gemüse ( Bd. 1 )« von Günter Liebster. Morian Verlagsproduktion. »Exotisches Obst und Gemüse« von Gabriele Colditz, Ulmer Verlag.*

# Sonnengereifte Gemüse

1. **Arugula.** Der Geschmack dieses Gemüses aus der Mittelmeergegend kann variieren. Im Sommer ist es manchmal recht scharf und würzig, aber es gibt jedem Salat der Saison einen Gourmetgeschmack. Säubern Sie es gut, und verwenden Sie es sparsam, solange Sie kein Arugula-Fan sind.

2. **Frischer Mais.** Wenn der Mais geerntet wird und Sie ihn direkt aus dem Garten holen oder auf einem Ökomarkt kaufen können, ist er süß und saftig. Sie können Mais am Kolben backen oder für Salat verwenden. Das Ergebnis ist ein viel aromatischeres Gemüse als gekochter Mais. Mais kann man auch beim Picknick oder auf einer Campingfahrt über einem Feuer rösten.

3. **Süßer roter Paprika.** Rote Paprikaschoten sind meist ein wenig teurer als ihre grünen Geschwister, aber ihr Geschmack ist sein Geld wert. Ein Salat aus Spinat, ein paar Stücke Rotkohl und hellroten Ringen aus süßem Paprika ist ein Genuß für den Gaumen und fürs Auge.

4. **Blumenkohl.** Dies ist mein Liebling unter den rohen Gemüsen. Roher Blumenkohl ist völlig verschieden von dem verkochten grauen Brei, der in der Schulkantine als Blumenkohl bezeichnet wurde. Er ist schön knackig und schmeckt lecker, ohne scharf zu sein.

5. **Karotten.** Meist esse ich die Karotten ganz, oder ich lege Karottenscheiben anstelle von Kopfsalat oder Sprossen aufs Sandwich. Manchmal mache ich mir auch einen Salat aus Karotten und Rosinen. (Dafür brauchen Sie keine Mayonnaise. Mischen Sie einfach gehobelte Karotten mit Rosinen, und gießen Sie ein wenig Ananassaft darüber. Garnieren Sie, wenn Sie wollen, mit einer Handvoll Sonnenblumenkernen.)

*Frische Salate sind sehr aromatisch und schmecken auch ohne künstliche und kalorienreiche Dressings*

*\* Zwei schöne Bücher über Obst- und Gemüsesäfte gibt es von Dr. Norman Walker, »Frische Frucht- und Gemüsesäfte« und von Dr. Michael T. Murray, »Das neue Saftbuch« (beide im Waldthausen Verlag erschienen)*

Ganz besonders schmeckt mir der Karotten-Saft. Er ist süß wie Obstsaft und enthält keine Fasern, und er ist sehr reich an Betacarotin und energiespendenden Enzymen. Außerdem ist er eine wohlschmeckende Grundlage für Mixgetränke mit weniger süßen Gemüsesäften.

Säfte aus Karotten sowie Sellerie und Petersilie schmecken wunderbar. Wenn ich sie trinke, habe ich das Gefühl, etwas wirklich Gutes und Gesundes für mich getan zu haben. Am besten trinken Sie Gemüsesäfte frisch gepreßt und schlückchenweise.\*

Rohe Salate und rohes Gemüse müssen frisch sein, damit sie gut schmecken. Ich gebe zu, daß ich hin und wieder schlappen Spinat, gelblichen Brokkoli und weiche Karotten koche, die für Salate oder als Rohkost nicht geeignet wären. Wahrscheinlich haben Sie schon die gleiche »Sünde« begangen. Gegen Sparsamkeit ist nichts einzuwenden, aber das Beste sind einfach rohe Salate und Gemüse.

## Gedünstete Gemüse

1. **Spargel.** Spargel ist ein herrlicher Luxus. Probieren Sie ihn leicht gedünstet mit etwas Kräuterwürze.
2. **Frische Erbsen.** Essen Sie sie gleich aus der Schote oder kurz gedünstet.
3. **Chinesische Baumpilze.** Diese Pilze sind zäh und herzhaft, ihre Konsistenz hilft manchen Leuten über ihre Sehnsucht nach Fleisch hinweg. Ich ritze sie oben kreuzweise ein und brate sie in etwas Öl, Sherry, mit einem Spritzer Zitronensaft und einigen Zweigen Petersilie kurz an. Man kann sie auch eine Minute kochen und dann zu anderen Gemüsen, Getreidegerichten oder Suppen servieren.

4. **Spaghettikürbis.** Dieser große, ovale und gelbe Winterkürbis ist ein prächtiges Gemüse, weil sein Fleisch nach dem Kochen wie Spaghetti aussieht. Entfernen Sie die Kerne aus einem halbierten Kürbis, schneiden Sie ihn in Viertel, und dünsten Sie diese. Sie können auch die Schale einstechen und den ganzen Kürbis backen. Servieren Sie ihn mit Kräuterwürze und reichlich Knoblauch oder mit frischer Tomatensoße.

5. **Grünkohl.** Grünkohl ist nicht nur reich an Kalzium, Eisen und Vitamin A, sondern er schmeckt auch hervorragend! Dunkelgrüne Blattgemüse haben zu Unrecht den Ruf, scharf und bitter zu sein. Hacken oder reiben Sie den Kohl (ich schneide ihn mit einer Küchenschere), dünsten Sie ihn fünf oder sechs Minuten, und würzen Sie ihn mit etwas Zitronensaft, Salz (wenn Sie wollen) und frisch gemahlenem Pfeffer. (Dieselbe Methode ist auch für andere Grüngemüse geeignet: Bok Choy, Mangold, Endivie, Eskarol, Spinat. Die Dünstzeiten sind etwas unterschiedlich.

*Auf Wochenmärkten und in Fachgeschäften gibt es eine reichhaltige Auswahl einheimischer und fremdländischer Gemüsesorten*

Jetzt haben Sie eine Liste Ihrer zehn Lieblingsgemüse für Salate, leckere Appetithäppchen, gedünstet als Beilagen oder gemischt in Kasserollen oder leicht gebraten. Stärkereiche Gemüse wie Kartoffeln und Winterkürbis sind auch als Hauptgericht geeignet. Danach ist ein Salat und eine Portion gedünstetes Gemüse zusammen mit einem Brötchen oder Reis eine hervorragende Mahlzeit, vor allem im Spätsommer, wenn Gartengemüse reichlich vorhanden ist. Salat kann ein Hauptgericht sein, wenn man etwas Gehaltvolleres – zum Beispiel Nudeln, braunen Reis oder Bohnen – hinzufügt. Eine heiße Gemüsesuppe mit Ihrem eigenen Maisbrot oder Kleiemuffins ist ein gutes Mittagessen oder spätes Abendessen.

Wenn Sie auch nur ein bißchen gärtnerisch veranlagt sind, sollten Sie Ihr Talent nutzen. Essen Sie sooft wie möglich Frischgemüse, und meiden Sie Dosengemüse – es wird zu

**89**

Brei gekocht, lange bevor es auf Ihrem Herd steht, und meist ist es stark gesalzen. Experimentieren Sie mit dem Gemüse! Achten Sie auf Farbe, Faserung und Aroma, wenn Sie Gemüse auswählen. Wichtig ist auch, wie es sich anfühlt. Im Gegensatz zu Obst sollte Gemüse sich beim Drücken hart und fest anfühlen.

## Voller Genuß aus vollem Korn

*Pizza und Pfannkuchen schmecken auch aus Vollkornmehl hervorragend*

Getreide ist ein Nahrungsmittel, das wirklich satt macht. Das gilt besonders für Vollkornprodukte. Sie haben Substanz, und sie müssen gut gekaut werden. Und wenn Sie Getreide kauen, beginnt der Verdauungsprozeß schon im Mund. Die Stärke wird in ihre Bestandteile (Zucker) zerlegt. Außerdem schmeckt das Vollkornbrot oder der braune Reis sehr lecker.

Wenn Sie bisher fast nur polierten Reis und Weißmehlprodukte gegessen haben, erscheint Ihnen das natürliche Getreide vielleicht hart oder grob. Aber Sie brauchen nicht von heute auf morgen ausschließlich Vollkornprodukte zu essen. Manchmal sind nur Speisen aus Weißmehl verfügbar, zum Beispiel im Restaurant und bei Einladungen.

Seien Sie geduldig mit sich selbst. Möglicherweise essen Sie bereits jeden Morgen Hafergrütze und bevorzugen Vollkornweizenbrot, aber Sie können den Gedanken an braune Spaghetti nicht ertragen. Nehmen Sie sich Zeit. Bald werden die behandelten Lebensmittel Ihrem Gaumen nicht mehr schmecken.

Kehren wir zu unserem Blatt Papier zurück. Schreiben Sie bitte drei Mahlzeiten auf, die Sie gern essen und deren Hauptgericht aus Getreide besteht. Das können Nudeln, Waffeln oder

Pfannkuchen, Reis, frisches Brot mit Suppe und sogar ein besonderes Sandwich sein. Schreiben Sie es auch dann auf, wenn Sie es jetzt noch mit viel Fett und tierischen Bestandteilen essen. Ihre Pfannkuchen bestehen wahrscheinlich aus Milch und Eiern. Sie können aber auch großartige Pfannkuchen zubereiten, die keines von beiden enthalten, und dafür auch Vollkornweizen verwenden. Auch eine Pizza kann ein getreidehaltiges Hauptgericht sein.

Getreide ist vielseitiger, als Sie vielleicht denken. Außer den vertrauten Sorten wie Weizen, Hafer und Mais gibt es noch viele ungewöhnliche Körner, die Sie meist in Naturkostläden oder Reformhäusern* bekommen. Experimentieren Sie mit Getreidearten, die Sie noch nicht kennen. Probieren Sie z.b. Hirse, Kasha oder Quinoa zu Mittag.

Folgende Punkte sollten Sie im Auge behalten, wenn Sie Getreidegerichte essen:

- Seien Sie nicht sparsam. Sie sollen zwar nicht schlemmen, aber Sie dürfen Nudeln in reichlicher Menge, genügend Reis und Sandwiches essen.
- Die Regel, nicht zwei verschiedene Arten von Stärke bei einer Mahlzeit zu essen, ist veraltet. Vielleicht möchten Sie Reis und Kartoffeln oder Hafergrütze und Toast zusammen essen - es ist »erlaubt«.
- Befördern Sie Getreide von einer Beilage zum Hauptgericht. (Stärkereiche Gemüse wie Winterkürbis sowie die fettarmen, kohlenhydratreichen Eßkastanien eignen sich ebenfalls als Hauptgericht.)
- Stellen Sie sich von raffiniertem Getreide auf Vollkornprodukte um. Dabei kann Ihnen das Visualisieren helfen. Wenn zum Beispiel jemand das Wort »Brot« ausspricht, sollten Sie vor dem geistigen Auge »Vollkornbrot« sehen.

*Es gibt auch Spezialversandhäuser für ausgefallene Getreideprodukte. Lieferhinweise beim Fit fürs Leben-Service. Postfach 1261. 27718 Ritterhude.*

***Stärkereiche Gemüse eignen sich sehr gut als Hauptgericht***

**91**

- Wenn Sie sich bei Getreide zurückhalten (weil es »dick macht« oder weil Sie oft zu viele Backwaren essen), sollten Sie sich den gewaltigen Unterschied zwischen nahrhaftem Vollkorngetreide und leeren Kohlenhydraten bewußt machen. Bleiches, lebloses Brot, Kekse und Kuchen enthalten nicht nur raffiniertes Mehl, sondern auch Fabrikzucker und obendrein viel Fett. Vollkornprodukte lösen keine Eßgier aus, und sie sind nur dann kalorienreich, wenn Sie Fett dazu essen (z.b. gebratenen Reis, Eier oder Butter).

*Süßen Sie gekochtes Getreide mit Ahornsirup oder Dattelzucker statt mit raffiniertem Zucker*

Wenn Sie außer Haus essen, sind raffinierte Kohlenhydrate (z. B. weiße Nudeln, polierter Reis) ein vernünftiger Kompromiß, den Sie hin und wieder eingehen dürfen. Wenn Sie das tun, befinden Sie sich immer noch im Einklang mit einer liebevollen Ernährung. Sie passen Ihre Ernährung Ihrem Leben an, nicht Ihr Leben Ihrer Ernährung.

**Gekochtes Getreide.**
a) Heißes Frühstücksgetreide: Nehmen Sie mehr Wasser, wenn Sie keine Soja- oder Nußmilch darübergießen. Kochen Sie die Körner mit Trockenfrüchten als Süßstoff, oder süßen Sie mit etwas Ahornsirup oder Dattelzucker.
b) Beilage: Reis ist eine Unterlage für schwarze Bohnen oder kurz gebratenes Gemüse.
c) Hauptgericht: Reis-Pilaw, Hirse zum Füllen von Kürbis oder Paprikaschoten, Kuskus mit gedünstetem Gemüse.

**Sprossen.** Weizen und Roggen keimen besonders gut.

**Mehl.** Vollkornweizenmehl für Hefebrot, feines Vollkornweizenmehl für Brot, Kekse und Pastetenkrusten, Maismehl für Maisbrot und Muffins, Buchweizen für Pfannkuchen, Mehl aus braunem Reis, Hirse und Roggen für spezielle Gebäcke oder als Ersatz für Weizen, wenn Sie dagegen allergisch sind.

**Nudeln.** Vollkornweizenspaghetti und Lasagnenudeln finden Sie in Supermärkten, in Reformhäusern auch Nudeln aus Mais, Reis und Buchweizen. Vollkorngetreide können Sie auch in Suppen verwerten (vor allem Gerste ist dafür geeignet), ebenso in Salaten (Reis, Nudeln) oder in Nachtischen, zum Beispiel in Reis- und Brotpuddings. Aus Reis läßt sich sogar ein süßes, nahrhaftes Getränk (Amaske), ein flüssiger Süßstoff (Reissirup) und ein gefrorener, wie Eiscreme schmeckender Nachtisch bereiten. Im Supermarkt finden Sie Vollkornweizenbrot (lesen Sie die Packungsaufschrift!), Vollkornnudeln, braunen Reis, Hafermehl und Vollkornflocken. Reformhäuser führen zahlreiche Vollkornprodukte sowie Mehl, Nudeln und Flocken aus Vollkorngetreide. Dort gibt es auch weniger bekannte Getreide, zum Beispiel den klebrigsüßen Amaranth und die leichte, lockere Quinoa. Zu diesen »Exoten« noch einige Informationen:

**Brauner Reis.** Den langkörnigen Reis, der beim Kochen nicht verklebt, können Sie essen, wie er ist, oder in Pilaws verwenden. Die kurzkörnige Art wird klebrig, sie ist geeignet für Kroketten und »Hamburger« oder, auf einen Pastetenteller gepreßt, als fettfreie Kruste für ein Tofu-Quiche oder eine Gemüsepastete. Basmati-Reis (braun oder weiß) ist ein Reis für Feinschmecker aus Indien mit nußartigem Geschmack und wundervollem Aroma.

*Buchweizenmehl eignet sich gut zum Kuchenbacken*

**Buchweizen.** Kochen Sie ihn wie Reis oder als warmes Frühstücksgetreide. Buchweizenmehl eignet sich sehr gut zum Kuchenbacken.

**Hirse.** Die winzigen, runden Körner quellen beim Kochen und werden sehr delikat. Hirse eignet sich als gekochtes Getreide, zum Füllen, als Grundlage für »Hamburger« und als Beilage.

*Hafer eignet sich sehr gut für ein vollwertiges Frühstück*

**Hafer.** Sie können ganze Haferkörner kochen, aber auch Hafermehl – selbst wenn es schnell gar wird – ist ein Vollkornprodukt. Es eignet sich als Frühstücksgetreide, zum Backen und als Grundlage für Gemüseburger. Wenn Sie wollen, können Sie auch Haferkleie essen, besser ist es jedoch, Sie verzehren das ganze Korn.

**Gerste.** Vollkorngerste können Sie in Suppen oder als Alternative zum Reis verwerten. Perlgraupen sind ausgemahlene Gerste.

**Weizen.** Vollkornweizen können Sie kochen oder keimen lassen, aber auch zu Mehl mahlen und Brot oder Nudeln daraus herstellen. Kuskus ist ein bereits gedünsteter Weizen, der schnell gar wird. Der Kuskus aus dem Supermarkt ist meist raffiniert, doch selbst wenn Sie kein Vollkornprodukt bekommen, hat dieses rasch zubereitete Getreide, das gut zu anderen Speisen paßt, seinen Platz in Ihrer Kornkammer.

**Bulgur.** Bulgur ist geschroteter Weizen, sehr beliebt im Nahen Osten und Hauptbestandteil des Tabouli, eines Weizensalates.

**Weizenkeime** sind das nährstoffreiche Herz des Weizenkorns. Sie sind daher kein ganzes Lebensmittel und so fetthaltig, daß sie als »reiche Verwandte« gelten können. Immerhin sind sie reich an pflanzlichem Eiweiß und Vitamin E. Bewahren Sie Weizenkeime im Kühlschrank auf, und kaufen Sie sie geröstet, weil rohe Weizenkeime sehr schnell ranzig werden.

**Weizenkleie** wird als Ballaststoff verkauft. Essen Sie lieber das ganze Korn – es enthält die Kleie und den Keim.

**Wilder Reis.** Dieser Reis aus Nordamerika kann ein gewöhnliches Reisgericht aufwerten und ist hervorragend als Füllung für Winterkürbis geeignet.

**Mais.** In der Regel denken wir nicht an Mais, wenn wir von Getreide reden. In Naturkostläden können Sie Vollmaismehl (mit Keim und Kleie) kaufen. Es eignet sich als warmes Frühstück oder zum Brotbacken.

Alle diese Getreide sind gut haltbar. Lagern Sie sie in Gläsern oder Töpfen an einem kühlen, trockenen Platz. Vollkornmehl sollten Sie im Kühlschrank aufbewahren. Was das Getreidekochen angeht, so gibt uns die Autorin *Nava Atlas* ein einfaches Rezept: Spülen Sie das Getreide zuerst in einem feinen Sieb (bei bereits gedünsteten Flocken ist das nicht erforderlich). Wenn Sie wollen, toasten Sie es in einer trockenen oder leicht geölten Bratpfanne, bis die Körner eine Spur dunkler werden und ein nußartiges Aroma haben. Bringen Sie die notwendige Menge Wasser zum Kochen, rühren Sie das Getreide hinein, lassen Sie das Wasser wieder kochen, reduzieren Sie dann die Hitze, und lassen Sie die Körner zugedeckt sieden, bis sie das Wasser aufgenommen haben.»*Rühren Sie nicht um, während das Getreide kocht. (Anmerkung: Haferflocken, Bulgur und Kuskus brauchen nicht zu sieden; schalten Sie die Hitze einfach ab, und lassen Sie das Getreide stehen, solange es erforderlich ist.) Wenn das Getreide nach dem Kochen für Ihren Geschmack zu zäh ist, geben Sie auf jede Tasse Getreide eine weitere halbe Tasse Wasser dazu. Decken Sie den Topf dann zu, und lassen Sie die Körner sieden, bis sie das Wasser aufgenommen haben.«*[27]

*Toasten Sie das Getreide in einer trockenen oder leicht geölten Bratpfanne, bis die Körner eine Spur dunkler werden und ein nußartiges Aroma haben*

[27] *Dieses Zitat und einige andere Informationen über Getreide habe ich dem Artikel »The Essential Guide to Grains« (Der unerläßliche Leitfaden zum Getreide) von Nava Atlas entnommen, der im August 1989 in der Vegetarian Times erschien.*

Es folgen die Kochzeiten für einige Getreide, die Sie probieren sollten. Dabei wird vorausgesetzt, daß Sie zwei Teile Wasser auf einen Teil Getreide nehmen. Solange Sie sich an das Garen von Vollkorngetreide nicht gewöhnt haben, sollten Sie rechtzeitig auf das Siedegeräusch achten. Auf diese Weise vermeiden Sie ein mögliches Anbrennen.

| Ausgewählte Getreide | Kochzeiten |
| --- | --- |
| Brauner Reis | 45 Minuten |
| Buchweizen | 20 Minuten |
| Bulgur | 15 Minuten |
| Haferflocken | 10 Minuten |
| Hirse | 20 Minuten |
| Quinoa | 15 Minuten |
| Weizenkörner | 60-90 Minuten |

## Essen im Restaurant

*Restaurants mit ausländischer Küche sind ein besonderes Vergnügen, weil es dort viele rein vegetarische Gerichte gibt*

Heutzutage essen viele Menschen häufig außer Haus. Mit Ihrer neuen Ernährung ist das kein Problem. Restaurants mit ausländischer Küche sind ein besonderes Vergnügen, weil es dort viele rein vegetarische Gerichte gibt. Aber Sie können in fast jedem Restaurant gut essen. Am einfachsten ist das an Salattheken, sofern Sie alles meiden, was in Mayonnaise oder Öl schwimmt. Auch in Cafeterias bekommen Sie Salat, Gemüse und Brot, und Kartoffelgerichte gibt es in vielen Imbißstuben. Steak-Restaurants haben immer gebackene Kartoffeln und Salate und die meisten Speiselokale ebenfalls. Mexikanische Fast-Food-Lokale können Burritos ohne Käse zubereiten, und es gibt inzwischen auch vegetarische »Hamburger«.

In guten Restaurants ist der Küchenchef in der Regel gern bereit, Ihnen eine vegetarische Platte, ein spezielles Nudelgericht oder einen besonderen Salat zu servieren, selbst wenn

nichts davon auf der Speisekarte steht. Wenn Sie eine Flugreise buchen, können Sie vegetarische Verpflegung bestellen (weisen Sie 24 Stunden vor dem Flug noch einmal darauf hin). Auch wenn Sie ein Bankett in Auftrag geben oder sich Essen ins Haus liefern lassen, können Sie fast immer vegetarische Gerichte ordern.

## Essen mit Freunden

Wenn Sie in Gesellschaft essen, sind die Menschen und die Gespräche das Wichtigste, einerlei, was serviert wird. Eine Mahlzeit, die Sie für Gäste zubereiten, sollte einfach und einladend sein. Selbst diejenigen, die ihre Ernährungsweise nicht umstellen möchten, genießen eine natürliche, vegetarische Mahlzeit als Abwechslung.

*Heutzutage reagieren die Menschen sehr verständnisvoll, wenn jemand sich anders ernährt*

Werden Sie zum Essen eingeladen, sollten Sie daran denken, daß man Sie einlädt, weil Sie ein netter Mensch sind, nicht aber, damit Sie Ihren Teller leer essen. Sagen Sie Ihren Freunden, daß Sie sich jetzt anders ernähren, und weisen Sie darauf hin, daß Sie keine besonderen Ansprüche stellen. Bei einem formellen Abendessen gibt es meist reichlich Salate, Brot, Getreideprodukte und Gemüse als Beilagen. Und wenn es sich um ein zwangloses Beisammensein handelt – ein Büfet oder eine Party mit Imbiß – können Sie sich aussuchen, was Sie gern mögen, und liegenlassen, was Sie nicht mögen. Es ist nicht immer angebracht, Essen mitzubringen, aber oft ist es eine willkommene nette Geste.

Wenn Sie eine Familie oder eine enge Beziehung zu einem Partner haben, sind Sie bei Ihrer Ernährungsumstellung nicht allein. Im Idealfall lesen Ihr Mann, Ihre Frau oder Ihre Eltern dieses Buch und verstehen, warum Sie Ihr Leben ändern wollen, und vielleicht möchten sie mitmachen.

Es kann aber auch sein, daß sie denken: »*Schon wieder eine neue Diät*«. Vielleicht halten sie Ihre neue Ernährungsweise für extrem und lassen Sie das spüren. In diesem Fall können Sie folgendes tun:

- Holen Sie sich die Unterstützung, die sie brauchen, von anderen Menschen.
- Essen Sie so, wie es für Sie am besten ist.
- Seien Sie den Menschen, die Sie lieben, jeden Tag dankbar, selbst wenn sie nicht so hilfsbereit sind, wie Sie es sich wünschen.
- Widerstehen Sie dem Drang, andere zu »bekehren«.

*Verschaffen Sie sich Unterstützung bei Ihrer Ernährungsumstellung*

Wie bereits erwähnt, wird Ihr Leben für sich selbst sprechen, wenn Sie sich innerlich wandeln. Das gilt auch für Ihre neue Ernährungsweise. Ein strafferer Körper, ein höheres Energiepotential, eine bessere seelische Verfassung machen Ihr liebevolles Essen und Leben sichtbar.

Wenn ein anderes Mitglied der Familie konventionell kocht, sprechen Sie mit ihm über Ihre Bedürfnisse und machen Sie ihm klar, daß Sie keine Sonderbehandlung fordern. Seien Sie bereit, Ihr Essen manchmal selbst zuzubereiten und an einigen Abenden in der Woche die Küchenarbeit zu übernehmen. Dann hat der Koch oder die Köchin der Familie eine Pause, und Sie können Ihre Angehörigen behutsam mit Ihrer neuen Ernährung verwöhnen.

# 6. Die kulinarischen Grundlagen

**D**ieses Kapitel versorgt Sie mit dem Hintergrundwissen, das Sie brauchen, um die Lebensmittel zu kaufen, zuzubereiten und zu servieren, die Ihren allgemeinen Gesundheitszustand verbessern und Ihnen helfen, sich vom Essen verwöhnen zu lassen. Die Grundlagen lernen Sie hier.

## Mit dem richtigen Einkauf fängt alles an

Sie können liebevoll und gesund essen, obwohl Sie nur im örtlichen Supermarkt einkaufen. Gehen Sie zuerst in die Obst- und Gemüseabteilung, denn dort erledigen Sie die meisten Ihrer Einkäufe. An einigen Abteilungen gehen Sie gleich vorbei – an der Fleischtheke, an den Regalen mit wertlosen Süßigkeiten und an den Limonadenkisten. Auf diese Weise kaufen Sie viel schneller und leichter ein, und Sie werden merken, daß auch die Rechnung deutlich niedriger ausfällt.

Sie können Ihre Mahlzeiten interessanter gestalten, wenn Sie einen guten Naturkostladen kennen oder bei einem Versandgeschäft für Gesundheitsprodukte* einkaufen. Dort finden Sie vegetarische Spezialitäten wie Sojamilch, Ei-Ersatz zum Backen, fleischlose Beilagen für »Hamburger« und Chili sowie Bohnen und Getreide, die Sie in einem konventionellen Lebensmittelgeschäft nicht bekommen. Meist können Sie auch biologisch angebaute Getreide, Bohnen, Früchte und Gemüse kaufen.

Manche Preise mögen Ihnen hoch vorkommen, aber Sie bekommen einen unschätzbaren Gegenwert für Ihr Geld, und oft unterstützen Sie kleine, idealistische Firmen, deren Gewinnspanne im Vergleich zu der Qualität, die sie zu bieten haben, eher mager ist. Mitunter können Sie sogar Geld sparen. Besonders wenn Sie Getreide, Mehl und Nüsse aus großen

*\* Lieferhinweise erhalten Sie auf Anfrage vom Fit fürs Leben-Service, Postfach 1261, 27718 Ritterhude*

Behältern kaufen, können Sie die Menge, die Sie brauchen, selbst wählen und sparen dadurch die teure Verpackung.

Bleiben wir aber im Supermarkt. Unten finden Sie eine Musterliste, die fast alles enthält, was Sie für gängige vegetarische Rezepte brauchen, und ich habe mich auf Lebensmittel beschränkt, die man überall ohne größere Schwierigkeiten bekommt. Wenn Sie andere Gemüse, Früchte, Getreide oder Hülsenfrüchte mögen, ergänzen Sie die Liste. Und wenn auf der Liste Dinge stehen, die Ihnen nicht schmecken oder die Sie süchtig machen, streichen Sie sie durch.

*Diese beispielhafte Einkaufsliste enthält Zutaten, die Sie für vegetarische Menüs benötigen*

**Obst, Salate und Gemüse.** Spinat, Alfalfasprossen (Luzerne), Tomaten, Rot-, Weiß- oder Grünkohl, Sellerie, Paprika, Brokkoli, Karotten, Pilze, Zwiebeln (auch Lauch, wenn Sie ihn mögen), Kartoffeln zum Backen, Äpfel, Orangen, Bananen, andere Früchte der Saison

**Tiefgefrorene Produkte.** Ungesüßte Früchte, Fruchtsaftkonzentrat\*, Zitronensaft, Gemüse Ihrer Wahl (aber ohne Soße!)

**Konserven.** Tomatensoße, Tomatenmark, Tomaten, Bohnen: gefleckte Feldbohnen, Kichererbsen, Chilibohnen in Soße, gebackene Bohnen (letztere können Zucker enthalten), Suppen (die meisten Dosensuppen sind ziemlich salzig. Kaufen Sie Gemüse-, Linsen- und Minestronesuppen ohne Hühner- oder Rindfleischbrühe.)

**Verpackte Produkte und Fertiggerichte.** Vollkornweizenbrot (Lesen Sie das Etikett! »Weizenmehl«, »Mehl« und »angereichertes Mehl« bedeuten Weißmehl. Suchen Sie 100 %iges Vollkornbrot.), Brauner Reis (normal und zum Schnellko-

*\* Hier handelt es sich um »reiche Verwandte«.*

**100**

chen) und Reis-Pilaw, Weizenvollkornmehl (wenn Sie Hefe-
teig backen. In der Übergangsphase können Sie mit unge-
bleichtem Weißmehl mischen.), Vollkornweizenmehl für Ge-
bäck, Aluminiumfreies Backpulver, Hafergrütze, Getreideflocken (achten Sie darauf, daß es sich um Vollkornprodukte
mit wenig Zucker handelt.), Vollkornnudeln, Reiskuchen,
Vollkornkräcker, Maiskörner für Popcorn, Marmelade ohne
Zuckerzusatz*, Getrocknete Bohnen und Erbsen (Linsen, ge-
brochene Erbsen, weiße Bohnen oder andere), Natürliche
Erdnußbutter*, Walnüsse*, Mandelsplitter*, Rosinen*, andere Trockenfrüchte* (ungeschwefelt), Olivenöl (»virgin«), Apfelessig, Senf, natürliche Sojasoße (suchen Sie nach Tamari
mit wenig Natrium), Ahornsirup* oder Honig*, Kräutertees,
Getreidekaffee, Wasser in Flaschen, Kräuter und Gewürze Ihrer Wahl (die häufigsten Gewürze der vegetarischen Küche
sind Knoblauch, frisch gemahlener Pfeffer, Zwiebelpulver,
Basilikum, Oregano, Kreuzkümmel, Chilipulver, Curry, Petersilie und Paprika, am besten süßer, ungarischer Paprika.),
Tiefgefrorene Produkte, Tofu*, Mais- oder Vollkornweizentor-
tillas, Hefe (falls Sie backen)

## Besondere Lebensmittel zum Verwöhnen

*Bereichern Sie Ihre Mahlzeiten durch außergewöhnliche Lebensmittel*

Die Früchte, Salate und Gemüse, die Sie bereits kennen, sind
natürliche Lebensmittel, und für eine gesunde Ernährung
brauchen Sie keine lange Liste mit verschiedenen Getreiden
und Hülsenfrüchten. Sie können Ihre Mahlzeiten aber bereichern, wenn Sie auch einige außergewöhnliche Lebensmittel
kennenlernen.[28] Einige von ihnen, zum Beispiel Tofu, können
auch Gerichte ersetzen, die Sie nicht mehr essen und die Sie
vielleicht vermissen.

[28] *Lesen Sie auch den interessanten Bericht von Mirko Albrecht
»Gemüse aus fremden Landen: Selbst anbauen und gesund zubereiten«, Fit fürs Leben-Zeitschrift 4/1996, S. 14, Waldthausen Verlag*

**Agar-Agar.** Pflanzliche Gelatine aus Algen (normale Gelatine stammt aus dem Schlachthaus). Agar-Agar bekommen Sie in Form von Stangen oder Flocken (letztere sind am besten geeignet). Verwenden Sie es wie normale Gelatine: ein Eßlöffel Agarflocken auf eine Tasse Flüssigkeit.

**Buchweizen.** Ein herzhaftes, schnell gegartes, getreideähnliches Korn mit erdigem Geschmack. Sie können die ganzen Körner zum Frühstück oder als Reisersatz kochen. Buchweizenmehl wird am häufigsten für Pfannkuchen verwendet.

**Cashews.** Diese »Nüsse« sind, botanisch gesehen, Früchte des Cashewbaumes. Rohe Cashews sind weiß und ziemlich verschieden von gerösteten, gesalzenen Kernen. Wie alle Nüsse, sind auch sie »reiche Verwandte«, aber sie sind sehr vielseitig verwendbar, und Sie können schon aus recht kleinen Mengen »Milch«, »weiße Soße« und eine Reihe von anderen Gerichten herstellen. Kaufen Sie Cashewstücke anstelle von ganzen Nüssen, um Geld zu sparen.

*Ein Teelöffel Ei-Ersatz und zwei Teelöffel Wasser ersetzen beim Backen ein Ei*

**Edelhefe.** Verleiht Soßen, Suppen und Kasserollen einen scharfen, käseartigen Geschmack. Sie können sie auch auf Toast, Popcorn oder Spaghetti streuen. Hefeflocken schmecken viel besser als das Pulver. Edelhefe ist reich an B-Vitaminen und wird oft mit Vitamin $B_{12}$ angereichert.

**Ei-Ersatz.** Ein Pulver, das beim Backen die Eier ersetzt. Nehmen Sie anstelle eines Eies einen Teelöffel dieses Pulvers, und schlagen Sie es mit dem Schneebesen zusammen mit zwei Teelöffeln Wasser.

**Gerstenmalz.**[29] Ein flüssiger Süßstoff aus Gerstensprossen, der im Aroma der Melasse ähnelt. (Ein anderer natürlicher, recht delikater Süßstoff ist Reissirup).

**Hirse.** Kleine, runde, goldene Körner, die nach dem Kochen leicht und locker sind. Verwenden Sie Hirse anstelle von Reis zum Abendessen, als heißen Brei zum Frühstück oder als Grundlage für andere Gerichte (zum Beispiel vegetarische Klopse und »Hamburger«).

**Johannisbrot.** Eine schokoladenähnliche Köstlichkeit vom Johannisbrotbaum. Man verwendet es als Pulver zum Backen und für kakaoähnliche Getränke. Es wird auch in Bonbons verarbeitet. (Diese Bonbons enthalten jedoch viel Öl, manchmal auch Zucker oder Milch.)

*Johannisbrot ist eine schokoladenähnliche Köstlichkeit, die für kakaoähnliche Getränke oder zum Backen verwendet wird*

**Miso.** Eine salzige, vergorene Paste aus gekochten, gelagerten Sojabohnen, mitunter auch aus Getreide. Es ist dick und streichfähig, und man würzt damit viele Gerichte. Auch als Suppengrundlage geeignet.

**Nußbutter.** Brotaufstriche aus Mandeln, Cashews, Sonnenblumenkernen, Erdnüssen usw. Es handelt sich um »reiche Verwandte« mit sehr hohem Fettgehalt. Sie können sie dennoch in kleinen Mengen bei der Zubereitung anderer Gerichte verwenden. Tahini wird aus Sesamsamen hergestellt.

**Quinoa.** Ein rundes, sandfarbenes Korn, das auf die alte Inkakultur zurückgeht, mit mildem, nußartigen Geschmack. Die Garzeit ist kurz.

**Seitan.** Ein zähes, eiweißreiches Lebensmittel aus gebackenem oder gekochtem Weizengluten. Seitan schmeckt in Kasserollen, Eintöpfen oder gegrillt auf einem süßen Brötchen ganz ähnlich wie Fleisch.

[20] *Denken Sie daran, daß alle Süßstoffe süß sind, auch die natürlichen. Wenn zuckerhaltige Nahrungsmittel Sie süchtig machen, müssen Sie mit jedem konzentrierten Süßstoff vorsichtig umgehen.*

**Sojamilch.** Ein milchähnliches Getränk aus Sojabohnen, auch als Pulver erhältlich. Der Fettgehalt ist unterschiedlich, halten Sie nach »leichten« Sorten Ausschau.

**Süßstoffe.** Dattelzucker besteht aus gemahlenen, entwässerten Datteln. Er hat ein volles Aroma, ähnlich wie dunkelbrauner Zucker. Fruktose wird trotz ihres Namens meist aus Mais hergestellt. Sie sieht aus und schmeckt wie weißer Zucker, wird aber langsamer vom Stoffwechsel verarbeitet.

**Tamari.** Eine natürliche Sojasoße, aromatisch und wohlschmeckend. Traditionelles Tamari ist weizenfrei. Sojasoße aus Sojabohnen und Weizen heißt *shoyu*. Diese Würzmittel sind sehr salzig, aber es gibt auch Tamari mit reduziertem Salzgehalt.

*Tofu ist nicht fettarm, enthält aber viel weniger Fett als Käse und Mayonnaise*

**Tempeh.** Ein vergorenes Sojaprodukt indonesischen Ursprungs. Es sieht ähnlich aus wie Fleisch, läßt sich gut grillen und paßt zu Chili. Allerdings enthält es ziemlich viel Fett.

**Tofu.** Ein Sojaquark, den es heute nicht nur in chinesischen Restaurants gibt. Dieser weiße Kuchen ist praktisch geschmacklos und nimmt daher den Geschmack der Gewürze an, die man ihm beigibt. Er kann als »Fleisch« dienen, als »saure Sahne« oder als »Sahnekäse« im Käsekuchen. Tofu ist nicht fettarm, enthält aber viel weniger Fett als Käse, Mayonnaise usw. (Siehe Seite 117, »Variationen mit Tofu«.)

**Weizenfreies Brot, weizenfreie Nudeln.** Brot und Nudeln aus Reis, Roggen, Mais und anderen Getreiden. Weizen ist für viele Menschen ein Allergen. Das gilt vor allem für das Weizengluten. In Naturkostläden finden Sie Brot, Kräcker und Nudeln ohne Weizen.

# Salate als Kunstwerke

Salat muß nicht gelbgrün aussehen, fade und lieblos zubereitet sein. Er muß nicht einmal das sein, was wir uns üblicherweise unter einem Salat vorstellen. Sie können leichte und nährstoffreiche, sonnengereifte Salate und Gemüse auf verschiedene Weise servieren:

**Rohkostplatten.** Mit Karotten, Sellerie, Paprikaschoten, Zucchini, Brokkoli, Blumenkohl, Gurken, Kohlrabi, Pilzen, sogar mit dünnen Steckrübenscheiben, allein oder mit Dip, und mit einem Buch über das Garnieren für Anfänger und ein paar einfachen Hilfsmitteln können Sie eßbare Kunstwerke herstellen.

**Sandwichbeilagen.** Füllen Sie Pitabrot mit Gemüse, rollen Sie es in eine Tortilla, oder belegen Sie Brotscheiben damit. (In England sind Salatsandwiches Tradition. Wenn Sie sehr englisch sein wollen, nehmen Sie Gurke oder Brunnenkresse.)

**Monomahlzeiten.** Ergänzen Sie Ihr Gemüse durch gekochte Bohnen (probieren Sie auch Kichererbsen oder gewürzte Chilibohnen), braunen Reis, gedünstete neue Kartoffeln, Spiralnudeln, Makkaroni oder Tofuwürfel (marinieren Sie sie in drei Teilen Wasser auf zwei Teile natürliche Tamarisoße). Wenn Sie mögen, können Sie Brötchen dazu essen.

Auch der traditionelle Salat ist eine Kunst. Experimentieren Sie, oder versuchen Sie es mit Rezepten aus den empfohlenen Kochbüchern. Hier möchte ich Ihnen einige allgemeine Tips geben, damit Sie einen wirklich wohlschmeckenden Salat machen können.

Wählen Sie Salate der Saison aus, oder nehmen Sie importierte Sorten, die frisch und fest aussehen. Achten Sie auf die Farbe, die Faserung und den Geruch – das alles sollte harmonieren. Stellen Sie sich einen Salat vor, der aus Eisbergsalat, geschälter Gurke, Blumenkohl und Pilzen besteht. Ziemlich schrecklich, nicht wahr? Keine Farbe, nichts, was das Auge reizt. Jetzt denken Sie an einen Kopfsalat mit hellroten Tomatenstücken. Die Gurkenscheiben sind wellig geschnitten, und die dunkelgrüne Haut ist noch daran. Auf dem Blumenkohl sehen Sie geriebene Karotten und ein paar reife Oliven. Die Pilze sind in einer Schüssel mit lebhaft-grünem Spinat verstreut. Ist das nicht attraktiver?

Waschen Sie den Salat, und seien Sie dabei vor allem bei Salaten wie Spinat und Senfkohl, bei denen sich Schmutz in den krausen Blättern ansammelt, besonders sorgfältig. Trocknen Sie den Salat ab, ehe Sie ihn in die Salatschüssel geben. (Eine Salatschleuder erledigt diese Arbeit rasch.)

*Ein Teelöffel Öl genügt, um die Kräuter und Gewürze an den Salat zu binden*

Wenn Sie eine Holzschüssel benutzen, reiben Sie sie innen mit einer durchgeschnittenen Knoblauchzehe ab. Dadurch erhält der Salat ein wundervolles Aroma.

Seien Sie sparsam mit Öl. Ich gebe Öl hauptsächlich deshalb in den Salat, weil es Kräuter und Gewürze an die Gemüse »klebt«. Dafür genügt ein Teelöffel Öl in einem sehr großen Salat. Sie können Öl sparen, wenn Sie es nicht in die Schüssel gießen, sondern aus einer Flasche mit Pumpaufsatz darübersprühen. Sie kommen sogar ohne Öl aus, wenn Sie Zitronen- oder Limonensaft über den Salat spritzen, salzfreie Kräuterwürze oder Algenpulver darauf streuen und, wenn Sie wollen, etwas Kräutersalz dazugeben. Auch Tomatenscheiben machen Ihren soßenlosen Salat feucht. Avocados sind eine weitere nützliche Zutat. Dieser »reiche Verwandte« ist zwar fettreich, enthält aber die Vitamine, Mineralien und Fasern ei-

nes natürlichen Lebensmittels, was abgefülltes Öl nicht für sich beanspruchen kann. Selbst wenn Sie Avocados nur sparsam verwenden, machen sie Salate sättigender als ölige Soßen es könnten, und Sie kommen ohne extrahiertes Öl aus. Versuchen Sie auch, auf einen einfachen Salat pflanzlichen Chili, gebackene Bohnen oder einen anderen Teil des Menüs zu arrangieren.

Sie können einen Salat mit gedünstetem Gemüse (Spargel, grüne Bohnen, Brokkoli) und schmackhaften »reichen Verwandten« in kleinen Mengen (z.b. Sonnenblumenkernen oder Oliven) garnieren.

Machen Sie es sich leicht. Bewahren Sie ständig gewaschenen Salat im Kühlschrank auf. Salat schmeckt am besten, wenn Sie ihn sofort nach der Zubereitung essen, Sie können Ihren Mittagssalat aber auch nach dem Frühstück zubereiten und in einer großen, luftdichten Schüssel aufbewahren. Wenn Sie eine Soße haben wollen, geben Sie sie erst kurz vor dem Verzehr hinzu.

Vergessen Sie auch **frische Obstsalate** nicht. Machen Sie einfache Obstsalate - einen Melonensalat aus gewürfelten Cantaloupe, Melonen, Honigmelonen und Cassavas oder einen tropischen Salat aus Ananas, Mandarinenscheiben und Bananen oder einen Herbstsalat aus Äpfeln, Trauben und Birnen. Wenn Sie Äpfel oder Bananen verwenden, spritzen Sie Zitronensaft darüber, damit sie nicht braun werden. Machen Sie einen Obstsalat mit Cashew-Creme an (eine achtel Tasse rohe Cashewstücke mit 100 Milliliter frischem Orangensaft mixen, bis Sie eine sahnige Masse erhalten), und streuen Sie Sonnenblumenkerne, Rosinen oder gehackte Datteln darüber. Eine fettärmere Creme ist Bananenmilch.

*Wenn Sie im Obstsalat Äpfel oder Bananen verwenden, spritzen Sie Zitronensaft darüber, damit das Obst nicht braun wird*

**107**

## Gemüse selber ziehen:
## bei Sprossen kein Problem

Sie brauchen keinen großen Garten, um selbst Gemüse biologisch anzubauen. Samenkerne können Sie nämlich überall sprießen lassen. Selbst wenn Sie an Salattheken die Luzernensprossen auslassen und sich nicht viel aus den Mungobohnensprossen in chinesischen Gerichten machen, werden Ihnen diese »Babygemüse« viel besser munden, wenn Sie sie selbst ziehen.

Sprossen sind Samen, die zu keimen begonnen haben, und diese winzigen Pflanzen sind prall gefüllt mit Enzymen, Vitaminen und Mineralien, aber arm an Kalorien. Fangen Sie mit guten, natürlichen Samen an (kaufen Sie eßbare Samen und Bohnen im Reformhaus. Von einem Pfund Samen erhalten Sie mindestens fünf Pfund Keimlinge. Aus folgenden Pflanzen können Sie mühelos Sprossen gewinnen:

**Alfalfa (Luzerne).** Die Samen keimen in 2–5 Tagen. Streuen Sie die rohen Sprossen in Salate.

**Erbsen, getrocknet und ganz.** Überraschend süß und knackig. Sie sind in 2–3 Tagen fertig für Salate und Imbisse. Sie können sie auch dünsten.

**Erdnüsse.** Meine Lieblingssprossen. Wie andere Sprossen enthalten Sie wenig Fett, weil das Keimen Energie, also das im Samen vorhandene Öl, verbraucht. Die Sprossen sind in 2–3 Tagen fertig. Nur rohe Erdnüsse können keimen.

**Linsen.** Sie brauchen 2–3 Tage zum Keimen und schmecken roh und gekocht gut. Streuen Sie sie in Suppen und auf gebratene Gerichte.

**Mungobohnen.** Sie keimen in 2–4 Tagen. Allerdings sind die Hülsen etwas bitter.

**Rettich.** Würzig! Diese Sprossen peppen jeden langweiligen Salat auf. Geben Sie ihnen 3–5 Tage zum Wachsen.

**Sonnenblumenkerne.** Fast so köstlich wie Erdnußsprossen. Sie sind knackig und passen sehr gut zu Salaten oder auf eine Scheibe Butterbrot.

**Sojabohnen.** Es ist fast unmöglich, sie zu Hause keimen zu lassen, aber die Sprossen, die Sie in asiatischen Geschäften bekommen, sind wohlschmeckend und sättigend. Allerdings kann man sie nicht roh essen. Braten Sie sie unter ständigem Umrühren kurz an.

**Weizen und andere Getreide.** Sie können sie eine Nacht lang einweichen, einen Tag keimen lassen und dann kochen, oder Sie geben ihnen 4 oder 5 Tage zum Keimen und essen sie dann roh. Sie schmecken erstaunlich süß.

*Sprossen zu Hause selbst ziehen macht Spaß und ist ganz einfach*

Um Sprossen zu ziehen, brauchen Sie nur ein Einmachglas, ein Tuch und ein Gummiband.* Gehen Sie so vor:

1. Weichen Sie die Samen (eine Sorte oder, wenn die Keimzeiten ähnlich sind, mehrere) sechs Stunden lang oder über Nacht in reinem Wasser ein. Es ist wichtig, dafür destilliertes oder mineralarmes Quellwasser zu nehmen, weil gechlortes Wasser die Keimung be- oder verhindert.
2. Decken Sie das Glas mit dem zurechtgeschnittenen Tuch zu, und befestigen Sie das Tuch mit dem Gummiband. Schütten Sie das Wasser weg, und spülen Sie die Samen mit frischem Wasser (dafür ist auch Leitungswasser geeignet). Die Samen sollten feucht, nicht naß sein.

*\* Es gibt auch gute Keimgeräte zu kaufen. Wenden Sie sich an den Fit fürs Leben-Service, Postfach 1261, 27718 Ritterhude*

**109**

3. Legen Sie das Glas auf dem Spültisch oder auf dem Geschirrtrockner auf die Seite. Spülen und leeren Sie zwei- oder dreimal täglich, bis Sie »ernten« können. Sie können Samen auch im dunkeln keimen lassen, zum Beispiel in einer Schublade oder unter einem Handtuch. Am letzten Tag stellen Sie das Glas auf ein sonniges Fensterbrett, damit sich Chlorophyll und hübsche grüne Blätter bilden.

## Eine knackige Romanze – mit gedünstetem Gemüse

*In einem Steamer wird das Gemüse nur gedünstet und bleibt somit knackig und vitaminreich*

Gedünstetes Gemüse schmeckt herrlich knackig, und Sie brauchen kein besonderes Talent zum Dünsten. Es ist die schonendste Erhitzungsmethode – viele Nährstoffe bleiben erhalten. Das einzige spezielle Gerät, das Sie brauchen, ist ein Topf aus rostfreiem Stahl mit Siebaufsatz (auch Dünster oder Steamer genannt).

Sie können ihn in jedem Kaufhaus oder Versandgeschäft kaufen. Legen Sie gewaschenes Gemüse ganz oder geschnitten in den Aufsatz über kochendes Wasser. Achten Sie darauf, daß das Wasser nicht das Gemüse erreicht. Decken Sie den Topf fest zu, und gießen sie Wasser nach, wenn es verdampft. Die beliebtesten Gemüse haben folgende Garzeiten:

| Gemüse | Garzeit in Min. |
|---|---|
| Bohnen, grün | 12-15 |
| Brokkoli | 10-15 |
| Erbsen, grün | 5-10 |
| Gelbe Rüben, ganz | 20-30 |
| Gelbe Rüben, in Scheiben | 10-15 |
| Grünkohl | 5-10 |
| Kartoffeln (ganz, klein bis mittel, oder groß, in Scheiben) | 25-30 |
| Kohl | 10-20 |
| Kürbis | 20-30 |
| Mangold | 5-6 |
| Rosenkohl | 10-15 |
| Rote Bete | 30-40 |
| Süßkartoffeln, ganz oder in Scheiben | 5-30 |
| Zucchini | 10-15 |

Kurzes Braten ist eine weitere schnelle, einfache und schonende Garmethode, für die Sie nicht viel Öl benötigen. Weniger als ein Eßlöffel genügt für eine schwere Bratpfanne oder einen Wok. Verteilen Sie das Öl über die Pfanne, und erhitzen Sie es rasch. Geben Sie weitere Flüssigkeiten dazu – Wasser, Sherry (oder Apfelsaft), Tomatensaft, salzarmes Tamari –, und braten Sie schnell unter ständigem Umrühren. Wenn Sie zusätzliches Wasser hineingießen und die Pfanne gelegentlich zudecken, dünsten und braten Sie gleichzeitig. Das ist eine gute Methode, um ein optimales Aroma mit wenig Fett zu erhalten.

*Kurzes Braten ist eine weitere schnelle, einfache und schonende Garmethode*

## Das perfekte Kartoffelgericht

Suchen Sie zum Backen feste Knollen aus, und schneiden Sie alle Augen heraus. Stechen Sie mehrmals mit einer Gabel durch die Schale, und backen Sie die Knollen in einem Back-

blech in einem auf 230°C vorgeheizten Herd. Die Backzeit beträgt etwa eine Stunde, je nach Größe der Kartoffeln. Wenn Sie die Knollen mit anderem Gemüse füllen möchten, sollten sie ziemlich groß sein. Sie können auch die Schale leicht einfetten, aber wickeln Sie die Kartoffeln nicht in Alufolie. Möglicherweise gelangt Aluminium in den Körper, ebenso wenn Sie Gemüse in Alufolie oder Aluminiumtöpfen kochen.

*\*Anmerkung der Redaktion: Butter in Maßen genossen ist relativ unbedenklich gegenüber Margarine, die schädliche Transfettsäuren enthält.*

Die perfekte Kartoffel hat eine geeignete Zutat verdient. Butter ist tierischer Herkunft und ein gesättigtes Fett. Gewöhnliche Margarine wird zwar aus mehrfach ungesättigtem Öl hergestellt, hat aber den gleichen Fettgehalt wie Butter – nämlich 100%. Diätmargarine enthält nur halb soviel Fett, sie ist allerdings gehärtet. Zur Herstellung von Margarine muß man Öl teilweise härten, damit es bei Zimmertemperatur fest bleibt. Dabei entstehen Transfettsäuren, die im Körper die gleiche Wirkung haben wie gesättigtes Fett: sie erhöhen den Cholesterinspiegel. Ich gebe zu, daß ich manchmal ein bißchen Margarine zu gebackenen Kartoffeln esse.\* Die folgenden Zutaten sind zwar ungewöhnlich, aber genauso gut.

**Salsa.** Hausgemacht oder aus dem Glas.

**Brokkoli.** Dünsten Sie ihn kurz, damit Sie ihn zerdrücken können, und geben Sie reichlich frisch gemahlenen Pfeffer dazu. Brokkolistiele, die nach dem Kochen der Blüten übrigbleiben, eignen sich ebenfalls.

**Blumenkohl.** Wenden Sie wie Brokkoli an.

**Süßkartoffeln oder Yams (zerdrückt).** Kein Scherz: Kalte Reste eignen sich sehr gut – es schmeckt wie kalte Butter auf heißen Kartoffeln.

**Karottenbutter.** Siehe »Fettschlucker« in diesem Kapitel.

**Tofu.** Probieren Sie die Tofu-Mayonnaise (mit viel Schnittlauch) im Abschnitt »Variationen mit Tofu« auf Seite 117.

**Nudelsoße.** Mit viel Knoblauch und Basilikum.

**Barbecuesoße.** In Reformhäusern ohne Fabrikzucker erhältlich.

**Steaksoße.** In Restaurants sind Steaksoße und Senf manchmal das einzig Akzeptable, was Sie bekommen können.

**Ratatouille.** Gedünstetes Gemüse mit Tomatensoße ist meine Lieblingszutat.

**Avocados.** »Grüne Butter«, zerdrückt oder in Scheiben oder gewürzt als Guacamole.

Versuchen Sie es auch mit anderen Gewürzen – Gemüsebrühpulver, Schalotten, Schnittlauch –, und entdecken Sie Ihre eigenen Spezialitäten. Eine Kartoffel ist ziemlich trocken und mild im Geschmack, suchen Sie also etwas, was sie ein bißchen anfeuchtet und würzt. Nutzen Sie Ihre Phantasie!

## Köstliche Sandwich-Ideen

*Für ein köstliches Sandwich können Sie unter zahlreichen Brotarten wählen*

Ab und zu finden Sie auf einem »Diätmenü« noch Hüttenkäse, einen halben Pfirsich aus der Dose und einen »Hamburger« ohne süßes Brötchen. Ein süßes Brötchen ohne »Hamburger« wäre besser! Ein Sandwich kann dagegen lecker sein und aus zwei Scheiben Brot bestehen, auch ein süßes Brötchen ist gestattet. Sie können unter vielen Brotarten wählen:

**113**

 fit fürs Leben

- Vollkornweizen- oder Vollkornroggenbrot oder ein glutenfreies Brot, wenn Sie gegen Weizen allergisch sind
- Vollkornpitabrot – ein englisches Muffin aus Vollkornweizen oder ein süßer »Hamburger«
- Tortillas aus Mais oder Vollkornweizen – andere Brote ohne Sauerteig
- große Kräcker – Reiskuchen, schottische Haferkuchen oder norwegisches Roggenknäckebrot

Sobald Sie das richtige Brot gefunden haben, müssen Sie es füllen, belegen oder bestreichen. Dafür gibt es Dutzende von Möglichkeiten. Unter den folgenden Vorschlägen befinden sich auch einige »reiche Verwandte«, übertreiben Sie also nicht, was die Menge fettreicher oder sehr süßer Sandwichzutaten angeht. Wenn Sie gutes Brot und reichlich Kopfsalat und Sprossen als Grundlage verwenden, können Sie auf üppigere Dinge verzichten. Hier sind einige Anregungen für den Anfang:

*Hummus ist ein klassischer Brotaufstrich aus dem Nahen Osten*

**Hummus.** Ein klassischer Brotaufstrich (oder Dip) aus dem Nahen Osten. Er besteht aus pürierten Kichererbsen und Tahini (Sesambutter). Auch die Kichererbsen allein sind ein guter Aufstrich ohne viel Fett. Wenn Sie Kichererbsen aus Dosen verwenden, schütten Sie das meiste Wasser weg. Servieren Sie Hummus oder pürierte Kichererbsen in Pitataschen mit reichlich knackigem, buntem Gemüse.

**Erbsenstücke.** Übriggebliebene Erbsensplittersuppe oder gekochte Erbsenbruchstücke werden im Kühlschrank über Nacht dick und sind ein guter Aufstrich für Sandwiches. Würzen Sie nach, wenn Sie wollen. Der Aufstrich schmeckt mit heißem Toast am besten, er schmilzt beinahe.

**Tofu.** Tofu-Mayonnaise (siehe »Variationen mit Tofu« auf Seite 117) und »Tofu-Eiersalat« (das Rezept finden Sie bei den »Verwöhnrezepten« ab Seite 145) sind zusammen mit Kopfsalat oder Sprossen sehr gut zum Füllen von Sandwiches geeignet, ebenso marinierte Tofuscheiben (heiß oder kalt). Marinieren Sie in zwei Teilen Wasser und einem Teil natürliche Tamarisoße. Würzen Sie mit Zwiebeln, Knoblauch oder, wenn Sie mögen, mit Tabasco.

**Gemüse.** Dünne Gurkenscheiben, geriebene Karotten, Alfalfa- und Rettichsprossen, Kopfsalat und Tomatenscheiben sind zum Belegen von Sandwiches hervorragend geeignet. Probieren Sie Gemüse, Kopfsalat und Tomaten auf einem süßen Brötchen mit einer dünnen Schicht Tofu-Mayonnaise oder Senf, oder rollen Sie das Gemüse in eine Tortilla. Sie können auch ein wenig gedünstetes Gemüse nehmen.

**Tempeh.** Tempeh macht ein Sandwich fleischig, etwa wie ein Lendenstück vom Schwein. Es enthält aber weniger Fett, und ist pflanzlich. Fertige Tempehburger und -schnitzel (manche brauchen Sie nur eine Minute im Toaster zu erhitzen) finden Sie in der Kühltruhe von Naturkostläden. Tempeh mit reichlich Barbecuesoße und in Tortillas gerollt schmeckt vorzüglich.

**Obst.** Erinnern Sie sich an die Marmeladensandwiches Ihrer Kindheit? Sie können sie heute noch machen – mit Marmelade aus ganzen Früchten oder aus Konserven (beides in Naturkostläden erhältlich). Auch aus Trockenfrüchten wird Marmelade, wenn Sie sie eine Stunde lang leicht sieden lassen. Nehmen Sie vier Tassen gehackte Trockenfrüchte (eine Mischung aus Backpflaumen, Rosinen, Datteln usw.), eine drittel Tasse geriebene Karotten, einen halben Teelöffel Salz, eine drittel Tasse Zitronensaft und eineinhalb Tassen Wasser. Pürieren

*Tofu-Mayonnaise und »Tofu-Eiersalat« sind zusammen mit Kopfsalat oder Sprossen sehr gut zum Füllen von Sandwiches geeignet*

**115**

Sie alles in der Küchenmaschine, und sieden Sie es erneut, bis
es dick wird.

**Avocado.** Zerdrücken Sie die Avocado, und mischen Sie sie
mit gehackten Tomaten und Zwiebeln, Knoblauch und Chilipulver, salzen Sie ein wenig, und spritzen Sie etwas Zitronensaft darauf (damit die Avocado nicht braun wird), oder
schneiden Sie die Avocado in dünne Scheiben, und mischen
Sie sie mit heißem Senf, Tomaten und Sprossen.

*Sie können den
Fettgehalt jeder Nuß-
butter verringern, in-
dem Sie einen Eßlöffel
Butter mit zwei Eßlöf-
feln Wasser mischen*

**Nußbutter.** Ich bevorzuge Mandelbutter. Sie können den
Fettgehalt jeder Nußbutter verringern, indem Sie einen Eßlöffel Butter mit zwei Eßlöffeln Wasser mischen und mit einer
Gabel schlagen, damit das Gemisch emulgiert. Streichen Sie
die Nußbutter auf eine Brotscheibe, Obstaufstrich auf die andere. Kopfsalat und geriebene Karotten sind ein willkomme-
ner, feuchter Kontrast zum trockenen Brot mit Nußbutter.
Auch Bananenscheiben schmecken gut. Servieren Sie Sandwiches mit viel rohem Gemüse und einer Schüssel Suppe,
wenn Sie mögen. Wenn Ihnen das nicht ganz reicht, essen Sie
vorweg einen Apfel. Das ist ein reichliches und einfaches Mittagessen.

# Variationen mit Tofu

Tofu ist zwar geschmacklos, aber er kann das Aroma von Gewürzen annehmen und wird dann zu einem exzellenten Ersatz für cholesterinbeladene Speisen wie Rindfleisch, Huhn, Mayonnaise, Sahnekäse, saure Sahne und sogar Eier.

Tofu wird aus Sojabohnen hergestellt, die von allen Hülsenfrüchten am fettreichsten sind. Daher besteht eine Tofu-Kalorie zu 53% aus Fett. Er ist also kein fettarmes Nahrungsmittel im Vergleich zu anderen wie zum Beispiel Bananen (3%), Kohl (7%) und Kidneybohnen (4%). Doch als Ersatz für Sahnekäse (91% Fett), »Hamburger« (65%) oder Eier (65%) ist er ein Gewinn – abgesehen davon, daß Sie durch eine Umstellung auf Tofu einige Probleme lösen, die durch den Verzehr von tierischen Produkten entstehen. Tofu ist ökonomisch, leicht verdaulich und (wenn er mit Kalziumsulfat gefällt wurde) reich an Kalzium. Wenn Sie tierische Produkte vermissen, wenn Sie für eine Familie kochen, die sich nur widerwillig umstellen möchte, oder wenn Sie oft Gäste haben, kann Tofu Ihnen die Arbeit erleichtern.

*Tofu ist ein idealer Ersatz für cholesterinhaltige Lebensmittel wie Mayonnaise, saure Sahne und Käse*

Schließen Sie also Bekanntschaft mit Tofu! Es ist pur wie nasser Schaumgummi, und um aus ihm eine Köstlichkeit zu machen, müssen Sie folgendes beachten:

1. Tofu steht im Regal manchmal zwischen exotischen Gemüsen, manchmal zwischen den Milchprodukten, weil man ihn leicht mit Hüttenkäse, Quark, Feta oder Ricotta verwechselt. Tofu gibt es auch vakuumverpackt, so daß Sie ihn nicht kühlen müssen. In Naturkostläden bekommen Sie ihn auch umweltschonend unverpackt.
2. Tofu wird oft nach seiner Konsistenz bezeichnet: sehr fest, fest, weich, sehr weich. Den festen können Sie für alles verwenden, den weichen für Dips, Soßen und Brotaufstri-

**117**

*Tofu eignet sich hervorragend als Ersatz für Rindfleisch bei Frikadellen und Hamburgern*

che. Die beiden Extreme sind weniger vielseitig verwendbar.

3. Tofu muß man in Wasser aufbewahren. Wenn Sie ihn unverpackt oder einfach verpackt kaufen, legen Sie ihn in eine Schüssel mit frischem Wasser, und stellen Sie ihn in den Kühlschrank. Wenn er vakuumverpackt ist, legen Sie nach dem Öffnen die Reste in Wasser. Wechseln Sie das Wasser alle zwei bis drei Tage. Auf diese Weise hält sich frischer Tofu eine Woche bis zehn Tage im Kühlschrank.[30] Vakuumverpackter Tofu hält sich im Kühlschrank ziemlich lange. Achten Sie dennoch auf das Verfallsdatum.

**Salatsoße.** Geben Sie Tofu in den Mixer, und fügen Sie ein wenig Zitronensaft oder Apfelessig, Tamari, Wasser (je nach der gewünschten Konsistenz) und Gewürze nach Ihrem Geschmack hinzu. Mein Lieblingsgewürz ist getrockneter Dill, aber auch Knoblauch- und Zwiebelpulver, Curry und Kreuzkümmel sind immer gut geeignet.

**Tofu-Mayonnaise.** Entwässern Sie den Tofu. Geben Sie ein Stück (ca. 170 g) in den Mixer oder in die Küchenmaschine, und fügen Sie 2 Eßlöffel Zitronensaft, 1 Eßlöffel Öl, 1/2 Teelöffel Salz, 1/2 Teelöffel weißen Pfeffer und Püree hinzu. Streuen Sie ein Gewürz darüber, wenn Sie wollen - Zwiebeln Knoblauch, Pickles usw. Wenn Sie fettarm essen wollen, lassen Sie das Öl weg.

---

[30] *Tofu läßt sich auch einfrieren. Drücken Sie alles Wasser aus ihm heraus, zerkrümeln Sie ihn, und frieren Sie ihn ein. Er ersetzt gemahlenes Rindfleisch im Chili. Durch das Einfrieren ändert sich die Konsistenz. Sie erhalten ein schwammiges Produkt, das mehr nach Fleisch schmeckt. Meiner Ansicht nach wird guter Tofu dadurch ruiniert. Probieren Sie es aus, und entscheiden Sie selbst.*

**Sandwich-Aufstriche.** Mischen Sie zerdrückten Tofu mit ge-
hacktem Gemüse (z.b. Karotten und Sellerie). Verdünnen Sie
das Gemisch mit Tofu-Mayonnaise, damit es streichfähig wird.

**»Hamburger«.** Mischen Sie zerdrückten Tofu mit gehacktem
oder geriebenem Gemüse (Zwiebeln, Paprika, Pilze usw.) und
etwas Sesam oder gemahlenen Sonnenblumenkernen. Machen Sie das Gemisch mit Mehl steif, so daß Sie »Hamburger«
formen können. Würzen Sie mit Salz, Tamari, Basilikum,
Kreuzkümmel, Knoblauch, Zwiebeln usw. Backen oder grillen Sie die Hamburger.

**Tofufrikadellen.** Nehmen Sie zerdrückten Tofu anstelle von
gemahlenem Rindfleisch.

**Tofusteaks.** Entwässern Sie den Tofu, und schneiden Sie ihn
in Scheiben (ca. 1 cm dick). Bestreichen Sie die Scheiben mit
Mehl und Gewürzen, und backen Sie sie, bis sie knusprig sind.
Die »Steaks« werden besonders gut, wenn Sie den Tofu zuerst
in Wasser und Tamari (halb und halb) marinieren.

**Suppen.** Schneiden Sie entwässerten Tofu in kleine Würfel,
und ersetzen Sie damit das Huhn in der Hühnersuppe. Als Basis verwenden Sie eine vegetarische Brühe mit Huhnge-
schmack aus dem Reformhaus. Sieden Sie den Tofu so lange,
bis er das Aroma aufgenommen hat.

*Mit einer Küchenma-
schine können Sie
Pudding sehr gut aus
Tofu zubereiten*

**Pudding oder Joghurt.** Pürieren Sie den Tofu, einen Süßstoff (Ahornsirup ist gut), Vanille und etwas Salz in der
Küchenmaschine. Wenn Sie Johannisbrotpulver dazugeben,
erhalten Sie einen »Schokoladenpudding«. (Wenn Sie ein echter Joghurtfan sind, können Sie Sojajoghurt mit Kulturen in
Naturkostläden kaufen. Sie können Joghurt aus Sojamilch
auch selbst zubereiten.)

# Nützliche Küchengeräte für Ihre Verwöhn-Küche

Sie brauchen keine mit allerlei Krimskrams gefüllte Küche, um natürliche Mahlzeiten zuzubereiten, die Ihrem Körper guttun. Wichtig sind einige praktische Holzlöffel zum Umrühren, eine oder zwei große Schüsseln zum Mischen und für Salate, ein paar scharfe Schälmesser, einige gute Kochtöpfe (nicht aus Aluminium) mit Deckel, einen Gemüse-Dünster und entweder einen Mixer oder eine Küchenmaschine zum Bereiten von Aufstrichen, Soßen, Cremesuppen und so weiter.

Sicherlich besitzen Sie bereits einige der nachfolgend beschriebenen Küchengeräte, andere möchten Sie vielleicht kaufen. Den Rest brauchen Sie nicht, oder Sie lassen ihn sich schenken.

**Mixer.** Ideal für Shakes, sahnige Gerichte und Nußmilch.

**Entsafter.** Ich empfehle den »Suco«, weil er nach meinem Wissen der einzige Entsafter ist, mit dem Sie die weichen gefrorenen Obstdesserts zubereiten können, die ich im Kapitel 5 erwähnt habe. Er entsaftet auch Gemüse und Obst und macht frische Nußbutter. Es gibt auch Zentrifugalentsafter zu kaufen, die zwar billiger, aber nicht so gut sind.

**Zitruspresse.** Preiswerte Modelle, auch elektrische, finden Sie in Kaufhäusern und anderen Geschäften. Frische Grapefruit-, Orangen- und Mandarinensäfte sind vorzüglich.

**Doppelkocher.** Zwei Töpfe, von denen einer kochendes Wasser enthält. Kocht sanft, sehr gut geeignet zum Kochen von Getreide (z.B. Hirse) und zum Aufwärmen von Resten.

**Küchenmaschine.** Sie reibt, hackt, mischt und knetet. Nützlich bei Bereiten von Salaten, Dips und Pürees.

**Heißluft-Popcornmaschine.** Damit können Sie Popcorn ohne Fett herstellen. Süßen Sie ihn mit Tamari, Edelhefe (schmeckt nach Käse) oder etwas Cayenne.

**Mörser und Stößel.** Gewürze sind am besten, wenn sie frisch gemahlen sind, und dies ist eine zeitsparende Mahlmethode. Den gleichen Dienst leistet auch eine elektrische Kaffee- oder Gewürzmühle.

**Kochtöpfe mit Antihaftbeschichtung.** Sparen Sie Öl durch den Kauf mindestens einer hochwertigen Pfanne mit Antihaftbeschichtung und einer ausreichend langen Garantie, die Sie in Anspruch nehmen können, wenn diese Schicht abblättern sollte. Kaufen Sie Kochtöpfe, für die Sie keine speziellen Reinigungsutensilien benötigen. Meiner Meinung nach müssen nicht alle Kochtöpfe und Pfannen diese Spezialbeschichtung haben.

*Es gibt nützliche Küchengeräte, die Ihnen die Zubereitung von gesunden Mahlzeiten erleichtern*

**Dampfdrucktopf.** Beliebt in den 50er Jahren. Heute gibt es ausgeklügelte Modelle. Kochen mit Dampfdruck spart Zeit, besonders wenn Bohnen auf dem Speiseplan stehen.

**Salatschleuder.** Dieses praktische kleine Ding trocknet Salat in Sekundenschnelle.

**Langsamkochtopf.** In einem Langsamkochtopf können Sie Eintöpfe, Suppen, Chili oder hausgemachten Getreidepilaw bis zum Abend sieden lassen, auch wenn Sie den ganzen Tag weg sind.

**Keimschalen.** Wenn Sie Sprossen auf professionellere Weise als mit Tuch und Einmachglas herstellen wollen, können

Sie in Reformhäusern oder im Versandhandel Keimschalen kaufen. Daneben gibt es noch perforierte Plastiktabletts, Bambusbeutel und andere Vorrichtungen.

**Gemüsedünster (Steamer).** Wenn Sie die Vitamine im Gemüse erhalten wollen und Wert auf gutes Aroma legen, sollten Sie sich einen Gemüsedünster anschaffen. Er gart das Gemüse in wenigen Minuten.

**Wok.** Sie können auch in einer großen Pfanne braten, aber ein Wok – es gibt auch elektrische Modelle – macht schonendes Garen zum Vergnügen. Wählen Sie einen Wok mit Antihaftbeschichtung, damit Sie mit wenig Öl auskommen.

Achten Sie auch darauf, daß Ihre Küche ein Platz ist, an dem Sie sich gern aufhalten. Wenn sie mit unglückseligen Erinnerungen gefüllt ist (weil Sie einst um Mitternacht den Kühlschrank zu plündern pflegten), machen Sie daraus einen neuen, freundlichen Ort, der Ihre wahren Bedürfnisse befriedigt und Ihnen ein liebevolles Leben ermöglicht. Hängen Sie ein Bild auf, das Sie lieben, oder Zitate, die Ihnen etwas bedeuten.

Fangen Sie mit kleinen Dingen an. Freuen Sie sich über Ihr Geschirr oder Ihre Gartenkräuter oder die Handarbeit mit dem Sinnspruch an der Wand. Bald werden Sie auch Ihre Freude an Ihrer neuen Ernährungsweise haben. Alles hängt miteinander zusammen.

# 7. Ein Leben voller Liebe

**E**in Leben voller Liebe ist ein kraftvolles Leben. Wenn wir über die Kraft reden, die unser Haus erwärmt und unser Auto antreibt, benutzen wir das Wort im Sinne von Energie. Wenn wir geistig und körperlich voller Liebe sind, verfügen wir über reichlich Energie in unserem Leben. Zunächst verfügen wir über mehr Energie, weil wir unraffinierte Kohlenhydrate essen, die Kraftnahrung der Leistungssportler. Zudem profitieren wir von der Veränderung in unserem Denken und in unserer Einstellung. Ein Leben voller Liebe verlangt, daß wir diese Energie sinnvoll nutzen.

In diesem Kapitel befassen wir uns mit einem Leben, das Harmonie und Mitgefühl ausdrückt und in dem Sie sich selbst verwöhnen. Ihre neue Lebensweise ist gesund und ausgewogen.

Ausgewogenheit kann sich auf mancherlei Weise ausdrücken: in harmonischen Beziehungen, produktiver Arbeit, verantwortungsbewußtem Umgang mit Geld. Hier geht es uns um die ausgewogene Sorge um den eigenen Körper, denn das ist es, was viele Frauen am häufigsten vernachlässigen. Wenn Sie Fortschritte mit Ihrer liebevollen Ernährung machen, lieben Sie sich selbst immer mehr und wollen für sich selbst sorgen und sich verwöhnen. Diese Fürsorglichkeit verschafft Ihnen neue Energie. Es gibt bestimmte Gesetze des Lebens, die zu Gesundheit und Glück führen:[31]

*Frauen vernachlässigen viel zu häufig die Sorge um sich und ihren Körper*

- Essen Sie natürliche Nahrung, die Ihr körperliches Wohlbefinden fördert.
- Verschaffen Sie sich regelmäßig körperliche Bewegung.

---

[31] *Diese Regeln habe ich der Literatur der American Natural Hygiene Society ( in Deutschland »natürliche Gesundheitslehre«, vertreten durch die »Gesellschaft für natürliche Lebenskunde« e.V., Postfach 1212, 27723 Worpswede ) entnommen. In dem Buch »Fit fürs Leben«, Teil II, von Harvey und Marilyn Diamond sind sie und die anderen Gesetze des Lebens näher ausgeführt.*

- Sorgen Sie dafür, daß Sie genügend Schlaf und Ruhe bekommen.
- Atmen Sie saubere Luft.
- Trinken Sie reines Wasser.
- Nehmen Sie regelmäßig kurze Sonnenbäder.
- Bauen Sie Streß ab, und werden Sie gelassener.

Früher glaubte ich, das Körperliche sei nicht so wichtig, wenn ein Mensch geistig reif sei. Heute betrachte ich das »Geistige« und das »Körperliche« als konzentrische Kreise oder als die Farben eines Regenbogens, die ineinander übergehen.

Als ich noch mit Eßproblemen zu kämpfen hatte, dachte ich nicht daran, für mein eigenes Wohl zu sorgen. Ich kann auch heute wieder »rückfällig« werden. Vielleicht habe ich gestern Nacht nicht genug geschlafen, und es kann sein, daß ich fünf Tage lang mein Körpertraining versäumt habe. Aber ich kann jetzt ein Nickerchen machen, und ich kann jetzt Sport treiben. Sie können es auch. Gesunde Angewohnheiten neigen dazu, sich zu vermehren. Wenn Sie ihnen erst einmal Platz in Ihrem Leben eingeräumt haben, fühlen Sie sich ohne sie nicht mehr wohl.

Nun wollen wir uns jedes dieser Gesetze des Lebens näher ansehen. Mit der Auswahl der Lebensmittel haben wir uns in den vorigen Kapiteln befaßt. Im Folgenden werfen wir einen Blick auf Körpertraining, Ruhe, frische Luft, reines Wasser, Sonne und Gelassenheit.

## Verwöhnen Sie sich – durch körperliche Aktivität

Bewegung ist gut für den Körper, aber sie ist ebensogut für den Geist. Lange bevor Ihnen auffällt, daß mehr körperliche

**124**

Aktivität Sie mit festeren Muskeln, größerer Ausdauer und einem leistungsfähigeren Stoffwechsel belohnt, bemerken Sie, daß Sie sich wohler fühlen und daß Ihr Selbstvertrauen zunimmt. Ich weiß, daß es so ist, obwohl ich lange Zeit alles verabscheute, was mich zum Schwitzen hätte bringen können. Seit einigen Jahren genieße ich das körperliche Wohlgefühl, das mir mein Training verschafft. Manchmal liebe ich es sogar. Und manchmal trainiere ich nur aus Gewohnheit. Wenn ich die Lust am Training zu verlieren beginne, weiß ich, daß es Zeit ist aufzuhören. Der Körper trainiert nicht allein, der Geist begleitet ihn, und auch er möchte sich wohl fühlen.

*Körperliche Aktivität wird mit festeren Muskeln, einem besseren Kreislauf und einem gesteigerten Wohlbefinden belohnt*

Es ist nicht immer leicht, denn selbst das Vokabular, das mit der körperlichen Bewegung zu tun hat, hat oft einen negativen Beigeschmack: man »arbeitet« an sich, man »strengt sich an« und man versucht, seine »Leistung« zu steigern.

Die meisten von uns, die als Kinder übergewichtig waren, haben schreckliche Erinnerungen an den Sportunterricht. Wir wurden zuletzt in eine Mannschaft gewählt und machten obendrein nur widerwillig mit. Unsere Klassenkameraden hänselten uns, die Sportlehrer schimpften mit uns, und wir litten, während es allen anderen offensichtlich Spaß machte.

Bestimmte Erinnerungen können zwar aus dem Bewußtsein schwinden, aber die schmerzlichen Gefühle haften in der Seele bei allem, was mit Training und Sport zu tun hat. Kein Wunder, daß viele Erwachsene Körpertraining als Bedrohung empfinden.

Menschen, die in der Kindheit nicht dick waren, aber in späteren Jahren übergewichtig wurden, haben ein anderes Problem. Sie erinnern sich daran, wie gut sie sich fühlten, als sie noch rannten und tanzten. Und da sie jetzt nicht mehr dazu imstande sind, sind sie niedergeschlagen und fühlen sich alt.

**125**

Doch glauben Sie mir: Sie können Ihren Körper bewegen, und Sie können es genießen – jetzt! Einerlei, ob sie als Kind dick waren oder nicht, und unabhängig von Ihrem derzeitigen Gewicht, können Sie glücklicher und leistungsfähiger werden, wenn Sie anfangen, Ihre Muskeln regelmäßig und mit **Spaß** zu gebrauchen. Denken Sie daran, daß wir hier über eine Ernährungs- und Lebensweise voller Liebe sprechen.

***Beginnen Sie langsam und behutsam mit Ihrem Körpertraining***

Damit Sie vom Training optimal profitieren, muß es zu einem Teil Ihres Lebens werden. Es soll Sie nicht nur schlank machen, und Sie sollen es nicht aufschieben, bis Sie schlank sind, bis sie genug Geld fürs Fitneßstudio gespart haben oder bis Sie sich irgendwann dazu durchringen, Ihr Fahrrad aufzupumpen. Sie trainieren heute, weil Ihr Körper ein lebender Organismus ist, der Bewegung braucht. Schauen Sie einmal Kleinkindern und jungen Tieren zu – ihr Drang zur Bewegung ist angeboren. Wenn Sie glauben, in Ihnen sei dieser Drang abgestorben, irren Sie sich. Er schläft nur. Versuchen Sie aber nicht, ihn durch fünfzig Liegestützen und einen Acht-Kilometer-Lauf aufzuwecken. Beginnen Sie langsam und vorsichtig.

Wenn Sie über vierzig oder übergewichtig sind oder wenn Sie gesundheitliche Probleme haben, die ein spezielles Bewegungsprogramm notwendig machen (z.B. Diabetes, Bluthochdruck, Herzkrankheiten oder Arthritis), müssen Sie Ihr Fitneßtraining unbedingt mit einem Arzt besprechen. Fangen Sie auf jeden Fall langsam an, nicht nur, weil sich Herz und Gelenke dann leichter an die Belastung gewöhnen, sondern auch deshalb, weil Sie wahrscheinlich bald aufhören, wenn Sie sich überfordern und Ihnen das Training keine Freude macht.

Sporadisches Training – eine Woche da, ein Wochenende dort, dann eine lange Pause und anschließend ein Skiausflug

– ist so gut wie nutzlos und erhöht das Verletzungsrisiko. Im Idealfall trainieren Sie, weil Sie sich selbst und Ihre Aktivität lieben. Die Art der körperlichen Betätigung, für die Sie sich entscheiden, kann sich mit der Zeit ändern. Es ist nicht notwendig, daß Sie Langläufer, Bauchtänzerin oder Gewichtheber werden. Um fit und gesund zu sein, müssen Sie so aktiv sein, daß Ihr Körper optimal arbeitet. Um das zu erreichen, ist ein mindestens 20 Minuten dauerndes aerobes Training dreimal in der Woche erforderlich. Aerobe Aktivitäten sind Gehen, Laufen, Schwimmen, Schlittschuhlaufen, Radfahren, Rudern, Tanzen usw. Ein Training dieser Art wirkt sich auf das Herz-Kreislauf-System besonders günstig aus. Es belebt einen müden Stoffwechsel und hilft, einen übermäßigen Appetit zu normalisieren.

Aerobes Training ist allerdings nicht die einzige sinnvolle Bewegungsform. Ausgiebiges Dehnen und Strecken beim Yoga und bei modernen Tänzen fördert die jugendliche Geschmeidigkeit, und Kraftübungen, zum Beispiel Gewichtheben, können den Körper optimal formen und den Anteil seines mageren Gewebes vergrößern.

Wenn Sie Anfängerin sind oder jahrelang nicht mehr trainiert haben, sollten Sie sich eine Sportart aussuchen, die Ihnen Spaß macht, und eine andere, die Sie Ihrer Meinung nach tatsächlich ausüben werden. Wenn Sie ein Einzelgänger sind, können Sie sich einen Heimtrainer oder ein Laufband anschaffen. Wenn Sie sich gern im Freien aufhalten, ziehen Sie es wahrscheinlich vor, zu laufen oder radzufahren, wann immer das Wetter es erlaubt. Wenn Sie ein geselliger Typ sind, ist Gruppentraining für Sie am besten. Sie werden Ihre Persönlichkeit keinem strengen unflexiblen Trainingsplan anpassen können.

*Ein Training an der frischen Luft belebt den Stoffwechsel und verringert den Appetit*

**127**

Sie haben verschiedene Möglichkeiten, Ihrem angeborenen Bewegungsdrang nachzukommen:

**Gehen.** Wo gehen Sie gern? Durch den Wald? Auf der Landstraße? Ich gehe gern in Städten. Das Schönste an einem Leben in der Stadt ist meiner Meinung nach die Möglichkeit, überall herumzugehen, Tauben zu füttern, Schaufenster zu betrachten, Parks und Kirchen zu erforschen und die Laute, die Bilder und die Energie der Stadt in mir aufzunehmen. Wenn Sie also gern gehen, können Sie es überall tun, und alles, was Sie dazu brauchen, ist ein Paar robuste, gut sitzende Wanderschuhe.

*Wenn Sie gern spazierengehen, können Sie es überall tun – auch mitten in der Großstadt*

Wenn Ihnen einmal nicht nach aerobem Training zumute ist, können Sie die Dinge beschleunigen, indem Sie sie verlangsamen. Dazu schreibt *Jhich Nhat Hanh: »Meditatives Gehen heißt, das Gehen genießen – nicht gehen, um anzukommen, sondern nur gehen. Es kommt darauf an, im gegenwärtigen Augenblick zu leben, bewußt zu atmen und zu gehen, jeden Schritt zu genießen. Darum müssen wir alle Sorgen und Ängste abschütteln, wir dürfen weder an die Zukunft noch an die Vergangenheit denken. Wir freuen uns einfach über die Gegenwart. Wenn Sie beim Gehen glücklich, friedlich und fröhlich sind, machen Sie es richtig.«*[32]

**Schwimmen.** Der Haken beim Schwimmen sind die Badeanzüge. Pausenlos werden wir mit den unrealistischen Bildern der Werbung konfrontiert, die uns zeigen, wie »man« in diesem Jahr auszusehen hat. Ihre wachsende Selbstliebe wird Ihnen aber helfen, diesen inneren Wettkampf zu gewinnen, und

[32] *Das Zitat stammt aus Ihich Nhat Hanh, »Pease Is Every Step«. Der Autor, ein vietnamesischer Zenmeister gibt genaue Anleitungen für das meditative Gehen und ander nützliche Hinweise. zum Beispiel zur »Telefonmeditation«, zur »Meditation beim Geschirrspülen« und zur »meditativen Umarmung«.*

Ihre neue Lebensweise wird Ihren Körper gesund und fit machen. Das Schwimmen - auch die Schwimmkleidung -
kann ein Teil dieses Prozesses sein.

Beim Schwimmen fühlen sie sich leicht. Bewegungen, die uns
an Land schwerfallen oder gar nicht gelingen würden, schaffen wir mühelos. Schwimmen ist eine aerobe Aktivität und
obendrein entspannend und kontemplativ. Wenn Sie vorha-
ben zu schwimmen, achten Sie darauf, daß das Schwimmbad
eine angenehme Atmosphäre hat. Wenn es Ihnen dort keinen
Spaß macht, wenn das Wasser zu kalt ist (oder das Personal!),
sollten Sie woanders hingehen.

**Radfahren.** Radfahren spricht meine praktische Natur an.
Mit dem Fahrrad kann man sowohl Dinge transportieren als
auch aerob trainieren. Wenn Sie mit dem Rad zur Arbeit fahren, garantiere ich Ihnen, daß sich Ihr Leben positiv verändert und Ihr Ansehen in der Firma größer wird. Die Menschen sind beeindruckt, wenn jemand echte Genügsamkeit
demonstriert, und wer mit eigenen Beinen ins Büro stram-
pelt, muß in höchstem Maße genügsam sein.

Radfahren ist sehr gut geeignet, wenn Sie noch nicht in Top-
form sind. Sie können die Geschwindigkeit Ihrer Leistungs-
fähigkeit anpassen und kurze Ausflüge auf ebener Straße
oder Abstecher in die Berge unternehmen. Ein bequemes
Fahrrad ist zweckmäßig. Das alte Stahlroß in der Garage kann
Ihnen ebenfalls ein intensives Training verschaffen, aber ein
Rad mit drei, fünf oder zehn Gängen macht die Fahrt zum rei-
nen Vergnügen. Wenn Sie auf einer Steigung in einen niedri-
geren Gang schalten können, bleibt Ihr Energieverbrauch in
etwa konstant, Sie werden weniger müde und freuen sich
mehr auf die nächste Fahrt. Denken Sie nicht, daß Sie sich auf
einem Zehn-Gang-Rad nach vorn beugen müssen. Räder mit

tiefer Lenkstange sind wichtig für Rennfahrer, die den Luftwiderstand verringern müssen. Für Normalverbraucher sind die hohen Lenkstangen besser geeignet.

**Aerobic.** Wenn Sie immer davon geträumt haben, in einem Broadwaymusical mitzumachen, wird Ihnen ein Aerobic-Kurs viel Spaß machen. Dort kann jeder unabhängig vom Können tanzen. In den meisten Kursen sind Frauen weit in der Mehrzahl, aber Männer, die sich zu einer Teilnahme durchringen können, sind überaus beliebt!

Ich ziehe die sanftere Form dieses Trainings vor, weil es die Gelenke schont und dennoch intensiv ist. Sie müssen schon ziemlich fit sein, wenn Sie Freude daran haben möchten und wenn das Training effektiv sein soll. Wenn Sie sich zu sehr anstrengen müssen, treiben Sie übrigens gar kein anaerobes Training, weil Ihr Puls zu hoch ist.[33]

*Bevor Sie einem Fitness-Studio beitreten, machen Sie ein kostenloses Probetraining*

Unterschreiben Sie keinen Vertrag ohne Probetraining. Wenn der Kurs Sie überfordert, suchen Sie sich einen anderen. Manchmal gibt es auch Kurse für Anfänger und Senioren. Ich nahm an einem Seniorenkurs teil, als ich dreißig war, weil er in meinen Zeitplan paßte. Zusammen mit meinem Gewichttraining verhalf mir dieser Kurs zu einer großartigen Fitneß. Dann wechselte ich zum Querfeldeinlauf, und seitdem habe ich Aerobic nicht mehr so wirksam gefunden. Warum? Weil dieser Kurs so leicht war, daß er Anfängern Spaß machte. Die Lehrer waren freundlich und sachlich. Die Teilnehmer ermunterten sich gegenseitig. Das sind wichtige Aspekte, wenn Sie nach einem Aerobic-Kurs suchen. Die Lehrer sollten für Aerobic ausgebildet und die Einrichtungen geeignet sein. Je-

---

[33] *Eine Belastung ist aerob, wenn Sie tüchtig atmen müssen, sich aber noch bequem unterhalten können.*

der Teilnehmer braucht genügend Platz, und der Fußboden muß nachgeben, um Knie und Knöchel zu schützen. Auch die Musik ist wichtig. Wenn Sie Ihnen gefällt, bleiben Sie wahrscheinlich bei der Stange.

**Training mit Gewichten.** Mein Lieblingstraining. Es ist in der Regel nicht aerob[34], aber das Gefühl, etwas geleistet zu haben, das sich bei jedem Training einstellt, ist wundervoll. Wenn Sie mit Gewichten trainieren, können Sie Ihr äußeres Erscheinungsbild innerhalb kurzer Zeit verändern. Noch wichtiger ist der Wandel des Selbstwertgefühls. Schon nach wenigen Wochen fühlen Sie sich nicht mehr schwach und unterlegen, sondern kraftvoll und selbstsicher.

*Gewichtstraining kann Ihnen zu mehr Stärke und Selbstvertrauen verhelfen*

**Yoga.** Wenn Sie Ihren Körper noch nicht lieben können, kann Ihnen Yoga sanft und sicher dazu verhelfen. Hatha Yoga – körperliche Haltungen und Atemübungen – ist einige tausend Jahre alt. Er entstand in Indien, aber Sie können unabhängig von Ihrem Wohnort und Ihrem Glauben davon profitieren. Seine langsamen Bewegungen in Verbindung mit bewußtem Atmen beruhigen Körper und Geist. Yoga macht den ganzen Körper geschmeidig, vor allem die Wirbelsäule, und viele glauben, daß man damit auch therapeutische Wirkungen erzielen kann.

Wenn Sie sich für Yoga interessieren, besuchen Sie einen Kurs, und verschaffen Sie sich einen Einblick. Lehrer des traditionellen Hatha Yoga (dazu gehört auch der integrale Yoga) sind Meister der langsamen, beruhigenden Form dieses uralten Systems. Es gibt noch andere Arten des Yoga, die dynamischer sind, sogar richtig kraftvoll. Manchen Leuten sagt das

---

[34] *Wenn Sie schwere Gewichte haben, brauchen Sie nach jedem Versuch eine Pause. Sie atmen also nicht so regelmäßig und Ihr Puls ist nicht so hoch wie bei Dauerbelastungen.*

zu, aber wenn Sie sich nach einer Yogastunde nicht besser fühlen als zu Beginn, sollten Sie nach einem anderen Kurs Ausschau halten. Sie brauchen nicht nur eine weiche Unterlage, um den Rücken zu schützen, sondern auch eine Atmosphäre, die entspannend ist.

## Verwöhnen Sie sich – durch Ruhe

*Ruhe und Schlaf sind der natürliche Weg zu mehr Lebensenergie*

In unserer Gesellschaft gelten Ruhe und Schlaf nicht allzuviel. Ausruhen wird als Faulheit und Schlaf als notwendige Zeitverschwendung betrachtet. Wir ruhen und schlafen nur, weil wir andernfalls zusammenklappen würden, aber die meisten Leute versuchen mit allen Mitteln, ihr natürliches Bedürfnis nach Ruhe und Schlaf zu unterdrücken.

Es gilt als normal, sich mit Kaffee oder anderen Stimulanzien aufzuputschen. Einerlei, ob unser Ziel ein Prädikatsexamen oder eine Position als Abteilungsleiter ist - wir geben unserer Arbeit alles, was wir haben. Das ist solange schön und gut, bis wir merken, daß unsere Lebensenergie begrenzt ist. Yogis nennen diese Energie *Prana,* in den Kampfsportarten heißt sie *Chi.* Egal, wie wir sie nennen - wir müssen sie regelmäßig erneuern. Ruhe und Schlaf sind der natürliche Weg.

Wieviel Ruhe und Schlaf brauchen Sie? Soviel, damit Sie sich wohl fühlen. Die meisten Erwachsenen benötigen jede Nacht etwa sieben Stunden Schlaf. Vielleicht brauchen Sie mehr oder weniger. Sie können es herausfinden, indem Sie auf einen Wecker verzichten. Probieren Sie es am Wochenende aus, damit Sie nicht um drei Uhr morgens aufwachen, weil Sie befürchten, zu spät ins Büro zu kommen. Wenn Sie das einige Male getan haben, merken Sie, daß Sie eine äußerst präzise innere Uhr besitzen. Wenn diese Uhr Sie weckt, fühlen Sie sich erfrischt. Selbst überzeugte Nachtmenschen finden mehr

**132**

Gefallen am Morgen, wenn Sie den Radiowecker abstellen und sich nach der inneren Uhr richten.

Wenn Sie Einschlafprobleme haben, können Ihnen viele Änderungen der Lebensweise, die ich in diesem Buch vorschlage, eine Hilfe sein. Selbst Menschen, die glaubten, an Schlaflosigkeit zu leiden, haben schon festgestellt, daß das Problem sich von selbst löst, wenn sie auf Kaffee verzichten – nicht nur am Abend, sondern den ganzen Tag. Auch körperliche Bewegung ist nützlich. Der Körper bemüht sich um ein Gleichgewicht (Homöostase), und daher fördert Training auf natürliche Weise die Ruhe und den Schlaf. Meditation ruft ebenfalls tiefe Entspannung und friedlichen Schlaf hervor.

Schlaf ist jedoch nicht die einzige Form der Ruhe, die wir brauchen. Wir sollten uns ausruhen, wann immer uns der Körper signalisiert, daß er müde ist. Diese Signale werden oft mißverstanden. Für viele Menschen lautet die Botschaft: »*Es ist Zeit für eine Tasse Kaffee*« oder: »*Streng dich mehr an, Faulpelz!*« oder: »*Alles hier geht mir auf die Nerven. Gleich explodiere ich!*« Wenn Sie das nächste Mal eine dieser Botschaften mitten an einem hektischen Tag empfangen, nehmen Sie sich eine Minute Zeit, und prüfen Sie ihren Inhalt. Vielleicht stehen sie hinter dem Hunger oder der Koffeinsucht oder der Gereiztheit, und vielleicht bitten Sie sich selbst um ein Nickerchen, einen kleinen Spaziergang, ein kurzes Gespräch mit einem anderen Menschen oder nur um etwas Abwechslung.

*Wenn Sie genügend Zeit haben, sich auszuruhen, achten Sie darauf, daß die Ruhe wirklich erholsam ist*

Wenn Sie genügend Zeit haben, sich auszuruhen, achten Sie darauf, daß die Ruhe wirklich erholsam ist. Wenn Sie im Fernsehen einen Krimi oder die Tagesschau ansehen, so ist das keine Ruhe. Sie können sich z.B. beim Lesen ausruhen, aber Ihre Ruhe ist tiefer, wenn Sie in der Hängematte liegen und die Wolken betrachten. Sie können sich in einem Liegestuhl

**133**

ausruhen, während Sie entspannende Musik hören. Sie können sich beim Tagträumen, bei der Kontemplation und in der Badewanne (mit Kamillen- oder Wacholderöl im Wasser) ausruhen. Auch eine Massage kann ungemein erholsam sein.

## Verwöhnen Sie sich – mit frischer Luft

Holen Sie tief Luft. Sie fühlen sich gut dabei, stimmt's? Es ist ein großartiges Gefühl, entspannend und energiespendend zugleich. Unser Atem ist unser Leben, auch wenn wir selten darüber nachdenken. Wir können die Qualität der Luft, die wir atmen, nicht allein bestimmen. Aber wir können einiges tun, um etwas leichter zu atmen.

*Wer mit dem Rauchen aufhört, ißt deswegen nicht automatisch mehr*

**Wenn Sie rauchen, hören Sie damit auf.** Gewiß, das ist leicht gesagt, und die Nikotinsucht ist mächtig. Rauchen gilt im Vergleich zur Eßsucht allgemein als schnellere Art des Selbstmordes, aber wenn Sie im Einklang mit der Natur leben wollen, müssen Sie beides loswerden. Sie brauchen nicht zu befürchten, daß Sie mehr essen, wenn Sie das Rauchen aufgeben. Sie haben sich entschlossen, sich selbst zu lieben und für sich zu sorgen – für Ihr ganzes Selbst. Solange Sie sich an eine Krücke klammern, um schlank zu bleiben, werden Sie niemals völlig gesund und frei sein, schon gar nicht, wenn es sich bei den Krücken um potentiell tödliche Zigaretten handelt.

Lassen Sie sich helfen. *Patrick Reynolds*, der Leiter der Stiftung für ein rauchfreies Amerika in Los Angeles rät: *»Vier von fünf Menschen, die heute das Rauchen aufgeben, tun es, ohne an einem Programm teilzunehmen – aber achtzig Prozent von ihnen werden rückfällig. Das ist die gleiche Quote wie bei Heroinsüchtigen. Darum glaube ich, daß es wichtig ist, an einem Entwöhnungsprogramm teilzunehmen. Wer Hilfe sucht, hat Erfolg im Leben.«*[35]

Es gibt viele Möglichkeiten, Hilfe zu bekommen. Die Krankenkassen und Volkshochschulen bieten Raucherentwöhnungprogramme an. Die »Sieben-Tage-Adventisten« und die mit ihnen verbundenen Kliniken haben ähnliche Angebote. (Sie empfehlen auch, kein Fleisch zu essen und keinen Kaffee zu trinken, um die Nikotinsucht zu lindern. Wer sich richtig ernährt, ist anderen also schon einen Schritt voraus.) Die »Anonymen Raucher«, haben immer mehr Mitglieder. Das Wichtigste ist, daß Sie nicht aufgeben. *»Die meisten Menschen müssen mehrmals aufhören, bevor sie endgültig aufhören«*, sagt *Reynolds*, der Enkel des Tabakmagnaten *R. J. Reynolds* und einst selbst ein starker Raucher. *»Verlieren Sie nicht die Selbstachtung, wenn Sie einige Male scheitern. Bei mir kam der Wendepunkt, als mir klar wurde, daß ich nicht einmal eine einzige Zigarette anzünden darf. Oft ist ein Programm nötig, um den Leuten das begreiflich zu machen.«*

*Die Krankenkassen und Volkshochschulen bieten Raucherentwöhnungprogramme an*

**Wenn Sie nicht rauchen, hören Sie auf mitzurauchen.** Mit anderen Worten: Atmen Sie nicht den Qualm anderer ein. Dadurch gefährden Sie Ihre Gesundheit. Ich habe nie geraucht, aber wenn eine Stewardeß mich fragte: *»Raucher oder Nichtraucher?«* antwortete ich gewöhnlich: *»Ist mir egal.«* Das bedeutet: *»Ich bin mir egal.«* Heute sehe ich das anders, und Sie sollten es ebenfalls anders sehen. Sie haben Rechte. Bestehen Sie darauf, vor allem in Ihrem eigenen Haus. Wenn in Ihrer Familie niemand raucht, brauchen Sie meiner Meinung nach keinen Aschenbecher. Ihr Heim muß nicht unbedingt wie eine Kneipe stinken.

*35 Die Zitate von Patrick Reynolds stammen aus einem Telefongespräch, das ich im April 1991 mit ihm führte.*

*Gönnen Sie sich so oft wie möglich gesunde Luft: am Meer, im Wald oder im Gebirge*

**Öffnen Sie die Fenster, vor allem nachts.** Wir haben uns derart an Zentralheizungen und Klimaanlagen gewöhnt, daß wir die frische Luft fast vergessen haben. Wenn Sie ein wenig davon hereinlassen, erquicken Sie Ihre Seele, und wenn Sie nachts frische Luft durch Ihr Schlafzimmer strömen lassen, wird daraus bald eine Gewohnheit, die Sie nicht mehr missen mögen. Versuchen Sie es, und Sie werden besser schlafen. Im Winter öffnen Sie ein Fenster nur ein wenig und benutzen eine zusätzliche Decke.

**Lassen Sie Ihr Haus auf Schadstoffe untersuchen.** Fachleute entdecken Umweltgifte wie Radon (Radiumteilchen in der Luft, die verdächtigt werden, Lungenkrebs zu erzeugen), Formaldehyd (ein Karzinogen, das aus Teppichen, Wandverkleidungen und Schaumstoffabdichtungen strömen kann), Kohlenmonoxid, ein Nebenprodukt der Treibstoffverbrennung sowie Staub und Schimmelpilze, die Allergien verschlimmern. Wenn es Probleme gibt, kann man sie lösen, ohne daß Sie umziehen müssen.

Achten Sie auf häuslichen Umweltschutz. Verbessern Sie die Luftqualität in Ihrem Haus, indem sie umweltfreundliche Haushaltsreiniger - aus dem Supermarkt oder selbstgemacht - anstelle starker Chemikalien verwenden.[36] Dämpfe dieser Substanzen gelangen in die Luft, die Sie atmen, einerlei, ob Sie sie riechen können. Pflanzen im Haus können die Luft verbessern, weil sie frischen Sauerstoff liefern.

**Tun Sie, was Sie können, um die Umweltverschmutzung in Ihrer Gemeinde einzuschränken.** Pflanzen Sie Bäume. Unterstützen Sie Gesetze zur Luftreinhaltung. Beteili-

---

[36] *Starke Chemikalien können nicht nur die Luft im Haus vergiften, sondern auch das Wasser, das in die Kanalisation gelangt.*

gen Sie sich an örtlichen Umweltinitiativen, oder unterstützen Sie deren Mitglieder.

**Gönnen Sie sich sooft wie möglich gesunde Luft.** Sie finden sie am ehesten im Gebirge, im Wald und am Strand. Die schönsten Plätze der Natur sind auch die besten Luftreiniger.

## Verwöhnen Sie sich – mit reinem Wasser

Wir halten Bäder und Duschen für selbstverständlich, aber ist Ihnen schon mal aufgefallen, daß es herrlich ist, sich sauber zu fühlen? Eine Dusche ist erfrischend, ein Bad ist entspannend. Und beides können Sie durch Produkte noch verbessern, die gut riechen und sich gut anfühlen. Verwöhnen Sie sich mit köstlichen Düften in Ihrem Badewasser. Öle, die sich an der **Aromatherapie** orientieren, duften nicht nur wundervoll, sondern haben auch eine subtile therapeutische Wirkung auf Körper und Geist.

*Verwöhnen Sie sich mit Düften aus der Aromatherapie in Ihrem Badewasser*

Beim Baden verbrauchen Sie viel mehr Wasser als beim Duschen. Wenn Sie baden, sollte es sich also lohnen. Nehmen Sie sich genügend Zeit, damit Sie das Bad genießen können. Stellen Sie das Telefon ab, damit Ihre Gedanken sich nicht vom entspannenden Bad abwenden.

Tun Sie beim Baden ein wenig mehr für sich als Sie Ihrer Meinung nach verdienen. Es ist eine gute Übung um sich selbst zu lieben. Kommt es Ihnen vielleicht absonderlich vor, Duftstoffe im Bad zu verbrennen oder bei Kerzenlicht zu baden? Tun Sie es trotzdem! Es gibt schlimmere Absonderlichkeiten – zum Beispiel wenn Sie Schokolade unter dem Boiler verstecken und vergessen, daß sie dort schmilzt –, und es gibt gesunde Absonderlichkeiten – zum Beispiel ein Bad bei Kerzen-

**137**

schein und Musik und ein dicker Frotteemantel, in den Sie schlüpfen, wenn Sie fertig sind. Wir müssen uns daran gewöhnen, auf gesunde Weise absonderlich zu sein. Und es gibt keinen besseren Ort, damit anzufangen, als im eigenen Badezimmer. Es ist auch ein guter Ort, um mit der Wertschätzung Ihres Körpers zu beginnen.

*\*Lieferhinweise über Heim-Destilliergeräte erhalten Sie auf Anfrage beim Fit fürs Leben-Service, Postfach 1261, 27718 Ritterhude*

Um sich innerlich mit Wasser zu lieben, brauchen Sie das reinste Trinkwasser, das Sie bekommen können. Es ist kaum zu glauben, aber der menschliche Körper besteht zu zwei Drittel aus Wasser, und das Wasser, das wir trinken, wird ebenso ein Teil von uns wie die Nahrung, die wir essen. Sie haben bestimmt gelesen, daß Sie reichlich Wasser trinken sollen – 1 1/2 bis 2 1/2 Liter Wir brauchen in der Tat eine Menge Wasser, damit unser Organismus richtig arbeiten kann. Wenn Sie jedoch frisches Obst, Salate und Gemüse essen, das überwiegend aus Wasser besteht, haben Sie Ihren Wasserbedarf bereits zu einem großen Teil gedeckt – Sie haben Wasser gegessen. Im allgemeinen sagt der Durst Ihnen zuverlässig, wann Sie trinken sollen. Allerdings sollten Sie seinen Ruf nicht mit Limonade oder Bier, sondern mit Wasser beantworten.

Welche Art Wasser sollten wir trinken? Leitungswasser ist meist nicht die beste Wahl. Landwirtschaftliche Abwässer und andere Umweltgifte gelangen ins Grundwasser, das dann in den Wasserwerken mit Chlor behandelt wird. Chlor tötet zwar Keime, aber es kann Chemikalien nicht beseitigen – es ist sogar selbst ein starkes Gift und nur eine von vielen Chemikalien, die das Trinkwasser enthalten kann.

Es ist daher ratsam, mineralarmes Wasser in Flaschen zu kaufen oder sich ein Destilliergerät anzuschaffen.\* Destilliertes Wasser ist am reinsten.

Verwenden Sie reines Wasser, um Essen, Getränke und Eiswürfel zuzubereiten. Wenn Ihnen dieses Wasser geschmacklos vorkommt, dann deshalb, wei es keinen Geschmack hat. In der Schule haben wir gelernt, daß Wasser farblos ist und weder riecht noch nach etwas schmeckt. Als Alternative können Sie dem Beispiel mancher Restaurants folgen und jedes Glas Wasser mit einem Zitronenschnitz servieren. Sie können es auch mit einem Spritzer eines anderen Obstsaftes versuchen - etwa 30 Gramm sind genug. Und wenn Sie wirklich durstig sind - an einem heißen Tag oder nach dem Training -, tut und schmeckt pures Wasser sehr gut.

## Verwöhnen Sie sich – mit dem Licht der Sonne

Kinder und Pflanzen brauchen Sonne zum Wachsen. Alles Leben auf Erden braucht Sonnenlicht - nicht zuviel, aber ausreichend. Wir werden immer wieder vor den Gefahren des übermäßigen Sonnenbadens gewarnt. Vor allem in einer Zeit, wo die schwindende Ozonschicht mehr schädliche Strahlung durchläßt, ist es nicht nur für die Schönheit fragwürdig, den Körper in der Sonne braten zu lassen, sondern es kann durchaus zu Hautkrebs führen. Dennoch - wir brauchen das Licht der Sonne.[57] Wir müssen nur vernünftig damit umgehen.

Ein faszinierendes Buch zu diesem Thema ist »Sonnenlicht und Gesundheit« von *Zane R. Kime*.[58] *Dr. Kime* zitiert wissenschaftliche Studien, die den Nutzen der Sonnenbestrahlung bei verschiedenen Krankheiten belegen. Im Gegensatz

*Kurze, aber regelmäßige Sonnenbäder, die auf den jeweiligen Hauttyp abgestimmt sind, wirken gesundheitsförderlich*

[57] *»Licht schenkt Leben. Lebensenergie und Gesundheit durch richtiges Licht« von Elke Brandmayer und Dr. Bodo Köhler. Fit fürs Leben-Verlag, 1997.*
[58] *»Sonnenlicht und Gesundheit«, Waldthausen Verlag, Ritterhude 1989.*

*»Sonnenbaden ist gefährlich für Menschen, die sich fettreich ernähren«*

zu vielen seiner Kollegen, die ihren Patienten raten, die Sonne möglichst zu meiden, empfiehlt *Kime* kurze, aber regelmäßige Sonnenbäder, die auf den jeweiligen Hauttyp und auf das Klima, in dem ein Mensch lebt, abgestimmt sind. Eine seiner erstaunlichsten Behauptungen – er belegt sie anhand der wissenschaftlichen Literatur – besagt, daß es einen Zusammenhang zwischen Sonnenlicht und Ernährung gibt. Er schreibt: *»Solange wir uns nicht richtig ernähren, hat Sonnenlicht eine ungünstige Wirkung auf die Haut. Das ist ein wichtiger Punkt: Sonnenbaden ist gefährlich für Menschen, die sich fettreich ernähren oder nicht reichlich Gemüse, Vollkornprodukte und frisches Obst essen. Wer fettreiche Kost zu sich nimmt, sollte die Sonne meiden und sich vor ihr schützen – allerdings muß er dann die Folgen sowohl der fettreichen Kost wie auch des Mangels an Sonnenlicht tragen.«*

*Kime* empfiehlt eine pflanzliche Ernährung aus nicht verarbeiteten Nahrungsmitteln (wie bei »Streicheleinheit Essen«), wobei der Schwerpunkt auf gelben und grünen Gemüsen liegen sollte, die reich an Vitamin E und C sowie an Carotin sind.

Wenn Sie in die Sonne gehen, beherzigen Sie folgende Ratschläge:
- Freuen Sie sich über sonniges Wetter. Frühstücken Sie auf der Veranda, gehen Sie in der Mittagspause spazieren. Nutzen Sie jeden schönen Tag.

- Um in der Sonne sicher zu sein, sollten Sie *Dr. Kimes* Rat befolgen und tierisches Fett und die meisten extrahierten Öle meiden.
- Denken Sie an den »goldenen Mittelweg«, wenn Sie in die goldene Sonne gehen. Es ist ein Unterschied, ob Sie an einem strahlenden Morgen oder Nachmittag draußen sind, oder ob Sie sich Mittags in die Sonne legen. Das eine ist ungefährlich und gesund, das andere töricht.
- Wenn Sie in die Sonne gehen, befolgen Sie die »Babyregel«: Sie legen kein Baby um Mittag in die Sonne, aber Sie behalten es auch nicht ständig im Haus. Behandeln Sie sich wie ein Baby!

## Verwöhnen Sie sich – durch Gelassenheit

Körper und Seele sind eng miteinander verbunden und hängen voneinander ab. Viele der Empfehlungen, die wir in diesem Kapitel behandeln – Freude am Sonnenlicht, genügend Ruhe, Energie tanken durch Training –, wirken Depressionen entgegen. Auch der Verzehr ganzer, natürlicher Lebensmittel fördert das seelische Wohlbefinden, weil das Gehirn ein Teil des Körpers ist und ebenfalls von unserer Nahrung lebt.

Ebenso wie positive und negative körperliche Handlungen unser Seelenleben positiv und negativ beeinflussen können, wirken unsere Gefühle auf den Körper ein. Wir alle haben diese Wechselbeziehung schon erfahren: Wir erröten, wenn wir verlegen sind, wir schwitzen an den Händen oder haben Magenschmerzen, wenn wir nervös sind. Die meisten von uns wissen auch, daß Anfälle von Freßgier mit Wut, Furcht oder einem ungelösten seelischen Problem zusammenhängen können.

*Eine gesunde Selbstachtung fördert einen gesunden Körper*

*Wenn Sie geistig wachsen und gesund leben, verringern sich auch seelische Belastungen aller Art. Sie regen sich einfach nicht mehr so oft auf*

Zweierlei können wir nicht beeinflussen: andere Menschen zu ändern und die Gesetze der Natur aufzuheben. Wer würde je etwas so Unsinniges versuchen? Wir tun es ständig. Wir versuchen, andere zu ändern, indem wir schlanker werden (damit sie uns attraktiv finden), indem wir härter arbeiten (damit der Chef uns besser leiden kann) oder indem wir uns selbst aufopfern (damit unsere Kinder uns lieben). Wir versuchen auch, die Naturgesetze umzustoßen, meist auf dem Gebiet der Physiologie. *»Diese Schachtel Kekse spielt keine Rolle, weil ich morgen mit meiner Diät anfange«* – kommt Ihnen das vertraut vor? Wenn Sie den Versuch aufgeben, andere zu ändern und die Gesetze der Natur zu umgehen, können Sie gelassener werden.

**Lassen Sie sich ändern.** Viele von uns sind Experten der Selbsthilfe. Wir tun alles, um uns zu ändern. Uns ändern zu lassen ist etwas anderes. Sträuben Sie sich nicht, und lassen Sie sich von Ihrem höheren Selbst helfen.

**Lösen Sie die Aufgabe, die vor Ihnen liegt.** Ein schöner, zentraler Begriff des Buddhismus ist *Dharma.*. Eine seiner Bedeutungen ist »Pflicht«. Jeder Mensch hat ein Dharma, einen Auftrag oder eine spezifische Aufgabe. Wir können bis zur Erschöpfung arbeiten, um das Dharma eines anderen zu erfüllen, doch wenn wir danach streben, unser eigenes zu finden und zu erfüllen, empfinden wir Frieden.

**Behandeln Sie sich selbst respektvoll, und erwarten Sie das gleiche von anderen.** Denken Sie auch respektvoll über sich selbst. Eine gesunde Selbstachtung läßt es nicht zu, daß Sie im Leben die Rolle des Opfers oder Märtyrers spielen. Sie werden lernen, sich emotional oder körperlich von Beziehungen zu lösen, die Ihnen schaden.

**Lernen Sie, ungünstige Umstände zu ändern oder hinzunehmen.** Manchmal müssen wir eine Situation vorübergehend akzeptieren – eine Arbeit, die uns nicht ausfüllt, eine Wohnung mit lauten Nachbarn -, um sie später zu ändern. Wir lernen beides, wenn wir unserem höchsten Ziel Vorrang einräumen. Ändern oder Hinnehmen sind die beiden einzigen vernünftigen Wahlmöglichkeiten in jeder Situation.

Es ist nicht leicht, weil wir daran gewöhnt sind, die Umstände zu beeinflussen. Der chronische Drang, alles beherrschen zu wollen, ist die Folge wenn wir eine Situation aus der »Wurmperspektive« anstatt aus der »göttlichen Perspektive« betrachten. Wir brauchen eine neue Perspektive, damit wir dauerhaft gelassen werden.

Wenn Sie geistig wachsen und gesund leben, verringern sich auch seelische Belastungen aller Art. Dieser Streßabbau spiegelt sich in einer veränderten Einstellung wider: Sie regen sich einfach nicht mehr so oft auf. Und Sie fühlen sich weniger angespannt, weil Sie Ihr Leben in Ordnung gebracht haben. Wenn Sie zusätzliche streßabbauende Methoden anwenden möchten, versuchen Sie es mit

- Meditation;
- intensiver körperlicher Betätigung;
- Massage und anderer Körperarbeit;
- Entspannungstechniken wie Yoga (vor allem die Atemübungen) und Autogenem Training;
- Spielen;
- Akzeptanz Ihrer Gefühle;
- Gesprächen über Ihre Gefühle;
- Aufenthalten in der Natur oder Beschäftigung mit einem Tier;
- Tagebuchführen.

*Massage, autogenes Training, Meditation und andere Körpertechniken helfen Ihnen beim Streßabbau*

**143**

# Ein Blick in die Zukunft

Ein Diätbuch würde das letzte Kapitel dem Festhalten am erreichten Wunschgewicht widmen. Das bedeutet zahlreiche Verbote, mühsames Unterdrücken von Gelüsten und ständiger Kampf gegen Fettzellen.

*Die Erhaltung des Gewichts ist nicht das eigentliche Problem, weil das Gewicht nie das eigentliche Problem war*

In einem Leben voller Liebe ist das alles anders. Zunächst einmal bemühen Sie sich nicht, ein bestimmtes Gewicht beizubehalten. Nur 2% aller Menschen, die mehr als 20 Pfund verlieren, halten ihr neues Gewicht sieben Jahre lang. Damit stehen Ihre Chancen eher ungünstig. Ihre Aufgabe ist es, Ihren geistigen Kontakt aufrechtzuerhalten und jeweils einen Tag lang suchtfrei zu bleiben. Die Statistik wird bedeutungslos, weil Sie Ihr Gewicht auf eine ganz andere Art halten.

Hier gibt es auch keine Reduktionsdiät mit anschließender Erhaltungsdiät. Wenn Sie normalerweise eine Frau mit 120 Pfund sind und essen, was eine Frau mit 120 Pfund braucht, wiegen Sie eines Tages 120 Pfund, einerlei, ob Sie heute 130, 140 oder 200 Pfund wiegen. Sie brauchen sich nicht anders zu ernähren, wenn Sie ein bestimmtes Gewicht erreicht haben. Es gibt auch keine »verbotenen Nahrungsmittel«, wenn Sie einen Hüftumfang erlangt haben, der Ihnen gefällt. Die einzigen Nahrungsmittel, auf die Sie verzichten, sind jene, mit denen Sie sich selbst und andere nicht lieben können. Wenn Sie ein angenehmes Körpergewicht erreicht haben, lieben Sie sich und andere nicht weniger.

Die Erhaltung des Gewichts ist nicht das eigentliche Problem, weil das Gewicht nie das eigentliche Problem war. Es war eine Nebenwirkung. Das »Verwöhnbuch« hat sich um die Ursachen gekümmert.

 fit fürs Leben

# 8. Verwöhnrezepte

## Frühstück

*TL = Teelöffel*

*EL = Eßlöffel*

*TS = Tasse*

**Bananenmilch** (Ergibt 2 Tassen)
Die Banane in Scheiben schneiden und in den Mixer geben. 1/2 Tasse Wasser hineingießen, Sorghum (wenn gewünscht) und Vanille (wenn gewünscht) dazugeben. Langsam Wasser nachgießen, um die gewünschte Konsistenz zu erreichen (dick oder dünn). So trinken oder über Haferflocken, andere Getreide oder Obst leeren.

*1 Banane,*
*1/2 gefrorene Banane,*
*1/2 bis 1 Ts Wasser,*
*1 Tl Sorghum,*
*1 Tl Vanille*

Abwandlung: Wenn Sie 1 Teelöffel Johannisbrotpulver ins Wasser geben, erhalten Sie Schoko-Bananenmilch.

**Einfache Pfannkuchen** (Ergibt 12 Pfannkuchen)
Lockere Pfannkuchen ohne Ei erhalten Sie, wenn Sie die flüssigen Zutaten schaumig schlagen. Mehl, Salz und Backpulver zusammen in eine Schüssel sieben. Öl und Sojamilch mischen und etwa 1 Minute schlagen; dann ins Mehlgemisch gießen und gründlich vermengen. Klumpen stören nicht.

*1 1/2 Ts Vollkorn-*
*weizenmehl,*
*1/4 Tl Salz,*
*3 Tl Backpulver,*
*1 EL kalt gepreßtes*
*Pflanzenöl,*
*1 3/4 Ts Sojamilch*

Eine leicht eingeölte Pfanne vorwärmen. Wenn ein paar in die Pfanne geträufelte Wassertropfen»tanzen«, ist die Pfanne heiß genug. Jetzt 1/4 Tasse des Teiges in die Pfanne gießen. Bei mittlerer Hitze backen, bis die Pfannkuchen Blasen werfen (nach etwa 3 Minuten) und die Unterseite leicht braun ist. Wenn die Blasen vor der Bräunung auftreten, die Hitze etwas erhöhen. Mit einem Pfannenheber umdrehen und auch die andere Seite braunbacken. Mit natürlichem Ahornsirup oder Obstsirup servieren.

*3/4 Ts Wasser,*
*1/2 Ts rohe Cashews,*
*2 Datteln,*
*2 EL gefr. Orangen-*
*saftkonzentrat,*
*7 Scheiben Brot*

**Französischer Toast I**
Die ersten 4 Zutaten mixen, dann das Brot hineintauchen, auf leicht eingeöltes Backblech legen und bei 200°C backen, bis es unten goldbraun ist (nach 10-12 Minuten). Umdrehen und andere Seite bräunen. Mit heißen, gefüllten Tomaten servieren.

*1 Ts eingeweichte*
*Kichererbsen,*
*1 1/2 Ts Wasser,*
*2 EL Öl,*
*Zum Würzen: Kräuter,*
*Zwiebel, Sellerie,*
*Karotten usw.,*
*6 Scheiben Brot*

**Französischer Toast II**
Die ersten 4 Zutaten mixen. Brot in die Mischung tauchen, auf ein leicht geöltes Backblech legen und bei 200°C backen, bis es unten goldbraun ist (nach 10-12 Minuten). Umdrehen und die andere Seite bräunen. Mit heißen Tomaten servieren.

*7 Ts Hafermehl oder*
*Haferflocken,*
*7 Ts Soja- oder*
*Nußmilch,*
*1/2 Ts Öl,*
*2 Tl Salz*

**Hafermehlwaffeln** (Ergibt 8-10 Portionen)
Einfach und köstlich. Die Zutaten in der angegebenen Reihenfolge mit einem Löffel mischen. Vor dem Backen über Nacht stehenlassen (bzw. bis es dick geworden ist). 5-6 Minuten im vorgewärmten Waffeleisen backen. Wenn man den Teig am Abend zuvor macht und ihn über Nacht im Kühlschrank stehen läßt, ist er am anderen Morgen dick (das Hafermehl hat die Milch aufgesogen). Nicht verdünnen. Mit einem Löffel auf dem Waffeleisen verteilen.

**Hirsewaffeln**
Richten Sie sich nach dem obigen Rezept. Ersetzen Sie die 2 Tassen Hafermehl durch 2 Tassen Hirsemehl. Etwas länger backen.

**Getreide mit Früchten, ohne Öl** (Ergibt 10–12 Tassen)
Alle trockenen Zutaten, Früchte und Nüsse in einer großen
Schüssel mischen. In einer anderen Schüssel Honig, heißes
Wasser und Vanille mischen. Beides zusammenschütten und
gut verrühren. Auf einem Backblech verteilen (etwas mehr
als 1 cm dick) und bei 230°C eine Stunde backen. Gelegentlich umrühren. Dann aus dem Herd holen und abkühlen lassen. Zugedeckt aufbewahren.

Anstelle von Nüssen können Sie auch mehr Weizen- oder Roggenflocken nehmen. Auch andere Früchte sind geeignet. Unbedingt alle 20 Minuten umrühren, um Anbrennen zu vermeiden.

Zubereitungszeit: 10 Minuten. Backzeit: 1 Stunde.

*3 Ts Hafermehl oder -
flocken,
1 Ts Weizenflocken,
1 Ts Roggenflocken,
1 Ts Kleie,
1/2 Ts Rosinen,
1/2 Ts getrocknete
Aprikosen, gehackt,
1/2 Ts gehackte
Datteln,
1 Ts getrocknete
Äpfel, gehackt,
1/2 Ts gehackte
Cashews,
1/2 Ts rohe Sonnen-
blumenkerne,
1/2 Ts roher Honig,
1/2 Ts heißes Wasser,
1 EL Vanillepulver*

**147**

# Salate und Salatsoßen

*1 1/2 Ts getr. schwarze*
*Bohnen,*
*3 1/2 Ts Wasser,*
*2 Ts Mais,*
*2 große Tomaten,*
*1 große grüne*
*Paprikaschote,*
*1 große rote oder*
*gelbe Paprikaschote,*
*1/2 Tl zerstoßener*
*roter Pfeffer oder*
*1 Prise Cayenne,*
*1 rote Zwiebel,*
*3/4 Ts Koriander*
*Soße:*
*2 EL Olivenöl,*
*Saft einer Zitrone*
*oder Limone,*
*2 EL Essig,*
*2 Knoblauchzehen,*
*1/2–1 Tl Salz,*
*2 Tl Kreuzkümmel*

**Aztekensalat** (Ergibt 10 Portionen)
Bohnen waschen, ins Wasser legen und sieden, bis sie weich sind (2–3 Stunden). Wasser abschütten und Bohnen abkühlen lassen. (Sie können auch 850g vorgekochte Bohnen aus der Dose nehmen.)

Bohnen, Mais, Tomaten (in Scheiben geschnitten), Paprika (in Scheiben geschnitten), Pfeffer, Zwiebel (gehackt) und Koriander in einer großen Schüssel mischen. Soßenzutaten verrühren und über den Salat gießen. Behutsam mischen.

Sie werden die Farben ebenso genießen wie den Geschmack. Sie können diesen Salat mehrere Tage lang gekühlt aufheben.

*900 g gekochte Nudeln,*
*110 g Limabohnen*
*3 Karotten,*
*1 TL Dill,*
*1/2 Tl Salz*
*4 EL Mayonnaise*

**Einfacher Nudelsalat** (Ergibt 8 Portionen)
Nudeln, gekochte Limabohnen, Karotten (geschält und fein gerieben), Dill, Salz (wenn gewünscht), Mayonnaise (ohne Ei) in einer Schüssel mischen. Möglichst vor dem Servieren kühlen.

**Tofusalat ohne Ei** (Ergibt 4 Portionen)
Den Tofu in einer mittelgroßen Schüssel zu Brei verrühren, dann mit den übrigen Zutaten, Tamari, Öl, Zwiebeln (in Würfel geschnitten), Sellerie (in Würfel geschnitten), Meersalz, Gelbwurz und Edelhefe mischen. Im Kühlschrank aufbewahren. Köstlich mit Salat oder auf einem Sandwich.

*2 Tofukuchen (je 335 g),*
*2 EL Tamari,*
*1 EL Öl,*
*2 kleine Zwiebeln,*
*2 Stangen Sellerie,*
*2 Tl Meersalz,*
*1 Tl Gelbwurz,*
*6 EL Edelhefe*

**Dijonsoße ohne Öl** (Ergibt 3/4 Tasse)
Wasser, Rotweinessig, Dijonsenf, Oregano, Knoblauchzehe, gequetscht, Salz, und Pfeffer gründlich mischen

*1/4 Ts Wasser,*
*1/4 Ts Rotweinessig,*
*2 EL Dijonsenf,*
*1/2 Tl Oregano,*
*1 Knoblauchzehe,*
*gequetscht,*
*Salz, Pfeffer*

**Soße für Gemüsesalate** (Ergibt knapp 1 Liter)
Gemüse hacken und mixen, bis ein Brei entsteht. Zitronensaft und Gewürze hinzufügen. Falls nötig, ein wenig Wasser nachgießen. Paßt gut zu Blattsalaten. Geben Sie Sprossen, Brokkoli, Zucchini oder andere Gemüse dazu.
Zubereitungszeit: 20 Minuten.

*1/8 Ts Zitronensaft,*
*1 Tl pflanzliche Würze,*
*einige Petersilienzweige,*
*1/2 Tl Majoran,*
*1 Tl Basilikum,*
*1 grüne Paprikaschote,*
*5 Tomaten, 1 Karotte,*
*1 geschälte Gurke,*
*3 grüne Zwiebeln,*
*1 Knoblauchzehe*

# Suppen und Beilagen

*1 1/2 Liter Wasser,*
*2 Ts Kartoffelwürfel,*
*1/4 Ts Karotten,*
*2 Tl Zwiebelpulver,*
*1 1/2 Tl Salz,*
*1/4 Tl Selleriesamen*
*2 1/2 Ts frischen Mais,*
*1 EL Öl oder Nußbutter*
*1/2 Tl Bohnenkraut*

**Mais und sämige Kartoffelsuppe**
Sieden Sie folgende Zutaten, bis sie weich sind: 1 1/2 Liter Wasser, Kartoffelwürfel, Karotten (in Würfel geschnitten), Zwiebelpulver, Salz, Selleriesamen
Wenn die Zutaten gar sind, fügen Sie hinzu: frischen Mais, zu Brei zerquetscht, Öl oder Nußbutter (Erdnüsse oder Cashews gemixt mit Mais), Bohnenkraut
Kochen Sie das Gemisch. Servieren Sie es mit Suppenkräckern oder Brotstangen.

*2 Ts brauner Reis,*
*5 Ts Gemüsebrühe,*
*1 Kopf Blumenkohl,*
*2 Stangen Sellerie*
*(gehackt), 2 EL Tahini,*
*1/4 Ts Tamari,*
*1/2 Tl Knoblauchpulver, 1/4 Tl Basilikum,*
*1/8 Tl roter Pfeffer*

**Cremige Blumenkohlsuppe** (Ergibt 5 Portionen)
Den gekochten Reis mit der Gemüsebrühe mixen (1 Minute lang, bis der Inhalt sahnig ist). Die Menge reicht für mehrere Füllungen. Die Hälfte des Blumenkohls (gehackt) dazugeben und bei hoher Geschwindigkeit 1 Minute mixen.

Gemisch in einen großen Suppentopf leeren, dann den restlichen Blumenkohl und die übrigen Zutaten hinzufügen. Etwa 15 Minuten lang leicht kochen, bis der Blumenkohl gar ist.

*1 mittelgroße*
*Aubergine,*
*1/2 Ts gehackte*
*Zwiebeln,*
*2 kleine Tomaten,*
*klein gehackt,*
*1 Tl Salz,*
*1/4 Tl Pfeffer,*
*Saft einer Zitrone,*
*2 EL Olivenöl*

**Auberginenkaviar** (Ergibt etwa 2 Tassen)
Die Aubergine überall mit einer Gabel stechen und bei 200°C etwa 45 Minuten backen, bis sie sehr weich und leicht eingefallen ist. Dann das Fleisch herausschaben und fein hacken. Restliche Zutaten hineinrühren und vor dem Servieren kühlen. Auf Kräckern oder dünnen Roggenbrotscheiben verteilen.

**Kichererbsenkäse** (Ergibt knapp 1 Pfund)
Paranüsse und Wasser mixen, dann restliche Zutaten dazugeben und gut mixen. In einem zugedeckten Doppltopf 40 Minuten über kochendes Wasser stellen. Gelegentlich umrühren.

In eine hitzefeste, mit kaltem Wasser ausgespülte Schüssel oder eine Pfanne gießen. Einige Stunden in den Kühlschrank stellen, dann aus der Schüssel holen, in Scheiben schneiden und servieren.

*1 Ts eingeweichte Kichererbsen (aus 1/2 Ts trock. Kichererbsen),
1/2 Ts Paranüsse,
3 EL Edelhefe,
1 kleine Tomate,
2 Stangen Sellerie,
1 Karotte,
1/2 Tl Zwiebelpulver,
30 g Zitronensaft,
3/4 Ts Wasser,
1/2 Tl Algen*

**Gefüllte, gebackene Pilze**
Pilze waschen und Stiele entfernen. Brotkrumen und wenn gewünscht Walnüsse (fein gehackt) mit etwas Nußbutter, Tomatenpüree, Petersilie (gehackt), Knoblauchpulver und Salz mischen, dann die Pilze mit dem Gemisch füllen. Pilze in ein Backblech legen, mit Öl beträufeln und salzen. Bei 220 bis 230° C backen, bis sie gar sind.

*12 große Pilze,
1 1/2 Ts Brotkrumen,
eine sehr kleine Dose Tomaten oder 2 große, geschälte, reife Tomaten, 1/4 Tl Knoblauchpulver, eine Prise Salz,
3–4 EL Petersilie,
Walnüsse*

**Weiße Dillsoße** (Ergibt etwa 2 1/2 Tassen)
Wasser und Stärke in einer kleinen Soßenpfanne zu einem glatten Brei verrühren. Sojamilch und getrockneten Dill hineinrühren. Bei mittlerer Hitze unter ständigem Umrühren mit dem Schneebesen kochen. Dann die übrigen Zutaten hinzufügen. Paßt wundervoll zu Brokkoli, Kohl, Rosenkohl und Blumenkohl.

*2 EL Pfeilwurzpulver oder Maisstärke,
3 EL Wasser,
2 1/4 Ts Sojamilch,
1 EL Dillkraut,
1 Tl Zitronensaft,
1 Tl Reissirup (aus braunem Reis),
eine Prise Muskat und weißen Pfeffer*

# Hauptgerichte

*Kruste aus*
*Vollkornweizen,*
*1/2 Ts Vollkorn-*
*weizenmehl,*
*3/4 Ts Vollkornweizen-*
*Gebäckmehl,*
*1/4 Ts weicher Tofu,*
*6 EL Sonnenblumen-*
*oder Färberdistelöl,*
*1/4 Ts Eiswasser*

*Füllung:*
*1 EL Olivenöl,*
*1/2 Ts grüne Zwiebeln,*
*2 Ts Spargel,*
*1/2 Ts Wasser,*
*900 g fester Tofu,*
*1/2 Ts frische Petersilie,*
*2 EL Reisessig*
*(aus braunem Reis),*
*1 EL helles Miso,*
*1 EL Senf,*
*1/2 Tl getr. Majoran,*
*1/2 Tl getr. Basilikum*

**Spargel-Quiche** (Ergibt 6-8 Portionen)
Die beiden Mehlsorten sieben und mit dem Tofu (wenn gewünscht) in eine Küchenmaschine geben. Bei laufendem Motor Öl hineingießen, bis die Mischung mehlig aussieht. Dann Wasser hineingießen - jeweils 1 Eßlöffel -, bis der Teil kugelförmig wird. Nun den Teig herausnehmen und auf ein leicht bemehltes Brett legen. Kurz kneten, dann einen Ball formen. Den Ball in der Mitte des bemehlten Brettes nach allen Richtungen ausrollen, bis Sie ein rundes, 1-1 1/2 cm dickes Stück haben. Mit Mehl bestäubte Teigrolle in die Mitte des Teigs legen und den Teig über die Teigrolle ziehen. Dann den Teig in eine Pastetenform hineindrücken und die Teigkanten nach innen klappen, damit er hineinpaßt. Mit der Gabel einritzen. (Wenn Sie eine gebackene Pastetenform haben möchten, backen Sie den Teig 15 Minuten bei 175°C) Den Teig mit einem Handtuch zudecken und beiseite stellen.

Das Öl und die grünen gehackten Zwiebeln in einer großen Pfanne erhitzen. Spargel (in 1 1/2 cm dicke Stücke geschnitten) dazugeben und kurz anbraten, dann Wasser hineingießen und bei mittlerer Hitze etwa 5 Minuten sieden. Kochflüssigkeit aufheben.

Herd auf 200°C vorheizen. Tofu, Petersilie (gehackt), Essig, Miso, Senf, Majoran und Basilikum in der Küchenmaschine mischen. 1/4 Tasse vom Kochwasser hineingießen und das Ganze pürieren, bis es sahnig ist. Dann die Spargelstücke in das Tofugemisch drücken.

Das Ganze in die Pastetenform gießen und 30 Minuten backen. Vor dem Servieren 30 Minuten bei Zimmertemperatur fest werden lassen.

Abwandlung: Wenn Sie eine Quiche ohne Kruste haben möchten, gießen Sie das Gemisch in eine leicht eingeölte Pastetenform (ca. 20 cm lang) oder in eine Einliterschüssel, und backen Sie sie wie beschrieben.

**Gebackene Bohnen** (Ergibt 8 Portionen)
Die Bohnen werden in zwei Schritten zubereitet - zunächst werden sie solange gekocht, bis sie weich sind, dann mit den übrigen Zutaten gebacken. Je länger sie kochen, desto besser schmecken sie. Bohnen waschen und über Nacht einweichen. Wasser wegschütten. Bohnen in einen Kessel geben und soviel Wasser hineingießen, daß es ca. 1 1/2 cm über den Bohnen steht. Wenn die Bohnen weich sind, die restlichen Zutaten dazugeben. Alles in eine feuerfeste Backform füllen und 2-3 Stunden bei 175°C backen.

*900 g weiße Bohnen,*
*1 rote Zwiebel, gehackt,*
*425 g Tomatensoße,*
*1/2 Ts Melasse,*
*2 Tl Senf, 2 EL Essig,*
*1/2 Tl Knoblauchpulver,*
*1-2 Tl Salz*

**Einfache Hafer-Hamburger** (Ergibt etwa 20-25 mittelgroße Hamburger)
Alle Zutaten außer den Haferflocken zum Kochen bringen. Dann die Hitze reduzieren und die Haferflocken dazugeben. Nicht umrühren. Etwa 5 Minuten kochen lassen, dann zum Abkühlen vom Herd nehmen. Mit dem eingeölten Deckel eines Einmachtopfs Pastetchen formen und diese auf ein geöltes Backblech legen. Bei 175°C etwa 45 Minuten backen und alle 15 Minuten wenden. Mit Ketchup oder Soße servieren.

*4 1/2 Ts Wasser,*
*1/2 Ts Sojasoße,*
*1/2 Ts Öl oder*
*1/2 Ts gemahlene Nüsse,*
*1 gr. Zwiebel, gehackt,*
*1 Tl Knoblauchsalz,*
*1/4 Tl ital. Gewürz,*
*1/4 Ts Edelhefeflocken,*
*4 1/2 Ts Haferflocken*

**Gebackene Mais-Tamales**
Folgende Zutaten in einer Pfanne rösten, bis sie gar sind:
Zwiebel, gehackt, grüne Paprikaschote, gehackt, Knoblauchzehen, Öl als Weichmacher
Hinzufügen: Tomaten aus der Dose, gefrorener Mais, gehackte Oliven, Kreuzkümmel, Cayenne oder Paprika, Maismehl, Salz zum Würzen
In einer zugedeckten Pfanne 1 Stunde dünsten. Gelegentlich umrühren und etwas Wasser hineingießen (bis 3/4 Tassen), wenn das Gemisch zu dick wird. Zum Aufwärmen in den Backofen tun.

*1 große Zwiebel,*
*1 grüne Paprikaschote,*
*3 Knoblauchzehen,*
*Öl*
*3 Ts Tomaten,*
*2 Ts gefrorener Mais,*
*1/4 Ts Oliven,*
*1/2 Tl Kreuzkümmel,*
*1/4 Tl Cayenne*
*oder Paprika,*
*3/4 Ts Maismehl, Salz*

*1 Ts gekochter
brauner Reis,
1 Ts Weizenkeime,
1 Ts Haferflocken
oder Haferkleie,
1 Ts geh. Walnüsse oder
Sonnenblumenkerne,
1 Ts gehackte Pilze,
1 Zwiebel, gehackt,
1/2 mittelgroße
Paprikaschote,
1 mittelgroße Karotte
gerieben oder gehackt,
je 1/2 Tl Thymian,
Majoran und Salbei,
2 EL Sojasoße,
2 EL Senf, Ketchup*

**Vegetarischer Hackbraten** (Ergibt 8-10 Portionen)
Dieser »Hackbraten« schmeckt großartig mit Ketchup oder
kalt in Scheiben geschnitten auf Sandwiches. Sie können aus
der Mischung auch Pastetchen formen oder sie als Hamburger braten. Auch Gemüse (z.B. Paprikaschoten) lassen sich
damit füllen. Hacken Sie das Gemüse so fein wie möglich. Eine Küchenmaschine ist dafür sehr nützlich.

Alle Zutaten 2 Minuten mit einem großen Löffel mischen, damit sie zusammenkleben. Die Masse in eine eingefettete Pfanne (ca. 12 x 22 cm groß) geben und bei 175°C 1 Stunde (oder
bis sie hellbraun ist) backen. Nach 40 Minuten können Sie
Ketchup auf die Frikadellenmasse geben und sie dann wieder
in den Herd stellen und weiterbacken. Vor dem Servieren 10
Minuten stehenlassen.

*2 Ts Reis,
6 Ts Wasser,
5 mittelgr. Kartoffeln,
1/2 Grünkohl,
280 g grüne Erbsen,
2 Tl Curry, 1 EL Safran,
1/2 Tl Ingwer,
1/2 Knoblauchpulver,
1/8 Tl Cayennepfeffer,
Salz zum Würzen
(wenn gewünscht)*

**Würzige Kartoffeln, Kohl und Erbsen auf Reis**
(Ergibt 4 Portionen)
Den Reis in 4 Tassen Wasser in einem zugedeckten Topf bei
mittlerer Hitze gar kochen. Kartoffelscheiben in einer Bratpfanne in 2 Tassen Wasser legen und bei mittlerer Hitze rösten. Den Kohl auf die Kartoffeln raspeln, dann Erbsen und
Gewürze dazugeben. Weiter in der zugedeckten Pfanne erhitzen und gelegentlich umrühren, bis die Kartoffeln gar sind.
Auf gekochtem Reis servieren.

**Gefüllter Kürbis** (Ergibt 6-8 Portionen)
Das Dach des Kürbisses abschneiden und als »Deckel« aufheben. Kerne und faserige Teile herausholen. Brotfüllung hineingeben und den »Deckel« darauflegen. In eine große Röstpfanne legen, die mit ca. 2 1/2 cm Wasser gefüllt ist. Bei 175°C 1 1/2 Stunden backen. Ein leckeres Hauptgericht für eine festliche Mahlzeit. Servieren Sie dazu Kartoffelbrei, Soße, gemischtes gedünstetes Gemüse und Brot oder Salat.
Zubereitungszeit: 15 Minuten. Kochzeit: 1 Stunde.

*1 mittelgroßer Kürbis,*
*1 Brotfüllung*
*(siehe das folgende*
*Rezept)*

**Brotfüllung**
Das Brot in Würfel schneiden und die Stücke in ein Backblech legen, 15 Minuten bei 175° C toasten. Die restlichen Zutaten in einer Soßenpfanne mischen und 15 Minuten kochen. Die getoasteten Brotwürfel in eine große Schüssel geben, die gekochte Flüssigkeit darübergießen und gut mischen. Mit einem Deckel oder Teller zudecken und 15 Minuten stehenlassen, damit die Flüssigkeit absorbiert wird.
Zubereitungszeit: 60 Minuten. Kochzeit: 1 1/2 Stunden. Ergibt 6-8 Portionen

*1 Weizenvollkornbrot,*
*2 Ts Wasser,*
*2 Zwiebeln, gehackt,*
*2-3 Stangen Sellerie,*
*gehackt,*
*1 EL getr. Petersilie,*
*2 Tl Thymian,*
*1 Tl Majoran,*
*2 Tl Salbei,*
*1/2 Tl Rosmarin,*
*2 EL salzarmes Tamari*

**Vegetarischer Chili con Carne** (Ergibt 4 Portionen)
Zwiebeln (gehackt) und grünen Paprika (gehackt) in einem großen Suppentopf in Olivenöl rösten, bis sie gar sind.

Restliche Zutaten: gehackte Tomaten aus der Dose, mit Saft, Tomatenpüree aus der Dose, Chilipulver, Salz, Pilze, in Scheiben geschnitten, Süßstoff (wenn gewünscht), Knoblauchzehen, gequetscht, Kidneybohnen aus der Dose mit Flüssigkeit dazugeben.

Zugedeckt 1/2 Stunde dünsten. Nochmals 30 Minuten im offenen Topf dünsten. Gewürze dazugeben und servieren.

*2 EL Olivenöl,*
*1/2 Ts Zwiebeln,*
*2 EL grüne Paprikaschote,*
*450 g Tomaten,*
*450 g Tomatenpüree,*
*2 EL Chilipulver,*
*1/2 Tl Salz,*
*1 Ts Pilze,*
*1 Tl Süßstoff,*
*2 kleine Knoblauchzehen,*
*450 g Kidneybohnen*

## Nachspeisen und andere süße Sachen

*8 reife Bananen,*
*2 EL Zitronensaft,*
*1/2 Ts Honig,*
*2 EL Apfelmus,*
*1/3 Ts Wasser, 4 Ts Voll-*
*kornweizenmehl,*
*2 EL entfett. Sojamehl,*
*2 Tl Backpulver,*
*1 Tl Vannillepulver,*
*1 Ts Rosinen oder*
*gehackte Datteln*
*1 Ts gehackte Nüsse*

*700 g Apfelmus,*
*2 EL Agar-Agar-Flocken,*
*1/2 Ts holländ. Honig*
*(siehe folg. Rezept),*
*1/4 Tl Zimt,*
*1 Ts Sojamilch,*
*1 Tl Vanilleextrakt*

*1 Ts Reissirup (aus*
*braunem Reis),*
*1 Ts Sojamilch,*
*1 Ts flüssigen Süßstoff*
*(z.B. Ahornsirup),*
*1/2 Tl Vanilleextrakt*

**Bananenbrot** (Ergibt 1 großen Laib bzw. 2 mittelgroße)
Die Bananen zerdrücken und, falls gewünscht, mit Zitronensaft mischen. Honig und Apfelmus dazugeben und mischen, 1/3 Tasse Wasser hineingießen. Trockene Zutaten in einer separaten Schüssel mischen und unter das Bananengemisch geben. Wenn gewünscht, Vanille und andere Zutaten (Rosinen oder gehackte Datteln, gehackte Nüsse, wenn gewünscht) dazugeben. Der Teig wird sehr steif. Den Teig in eine Hackbratenpfanne mit Antihaftbeschichtung geben und bei 175° C 35-45 Minuten backen. Mit einem Zahnstocher in die Mitte des Laibes stechen, um zu prüfen, ob er fertig gebacken ist. Zubereitungszeit: 14 Minuten, Kochzeit: 35-45 Minuten.

**Holländischer Apfel-Vanille-Pudding**
Das ungesüßte Apfelmus mit dem Agar-Agar, dem holländischen Honig und dem Zimt in einer mittelgroßen Soßenpfanne mischen. Das Gemisch bei mittlerer Hitze köcheln lassen, bis sich das Agar-Agar (nach 10-12 Minuten) aufgelöst hat. Sojamilch und Vanille dazugeben, umrühren, bis sich alles gut vermischt hat, und noch einige Minuten köcheln lassen. Die Mischung in eine leicht geölte Form gießen (sie muß groß genug für 4 Tassen sein). Im Kühlschrank 2 Stunden setzen lassen. Aus der Form herausnehmen und servieren.

**Holländischer Honig**
Die Pioniere des amerikanischen Westens aßen holländischen Honig, wenn echter Honig rar war. Dieses Rezept ist eine natürlichere Version des ursprünglichen. Es ergibt etwa 1 1/2 Tassen Sirup, der sich im Kühlschrank ungefähr 2 Monate hält. Er ist eine ausgezeichnete Glasur für Brot, Pasteten und andere Backwaren, außerdem eine herrliche Soße zu Früchten, Vanillepudding und »Eiscreme«.

Alle Zutaten außer der Vanille in einer mittelgroßen Soßen-pfanne mischen. Etwa 90 Minuten sieden lassen, bis die Men-ge auf die Hälfte geschrumpft ist, dann die Vanille einrühren. Kühl stellen.

### Ingwerbrot

Dieses Ingwerbrot enthält keine tierischen Ingredienzien und kein zusätzliches Fett und ist dennoch feucht und köstlich. Probieren Sie es mit heißem Apfelmus.

Obst, Wasser, Zucker und Gewürze in einer großen Soßen-pfanne mischen und 2 Minuten kochen lassen, dann ganz ab-kühlen lassen. Wenn das Gemisch kalt ist, die trockenen Zu-taten einrühren. In eine ca. 22 x 22 cm große, eingefettete Form geben und bei 175°C 30 Minuten backen (oder bis ein in der Mitte gesteckter Zahnstocher sauber bleibt).

*1/2 Ts Rosinen,*
*1/2 Ts entkernte*
*Datteln, gehackt,*
*1 3/4 Ts Wasser,*
*3/4 Ts Süßstoff*
*(z.b. Ahornzucker),*
*1/2 Tl Salz, 2 Tl Zimt,*
*1 Tl Ingwer,*
*3/4 Tl Muskat,*
*1/4 Tl Gewürznelke,*
*2 Ts Vollkornweizen-*
*mehl,*
*2 Tl Backpulver*

### Pochierte Äpfel mit Mandeln (Ergibt 6 Portionen)

4 Gewürznelken oben in jeden Apfel stecken, dann die Äpfel in einer großen Pfanne in den Apfelsaft legen. Zugedeckt bei kleiner Hitze backen, bis die Äpfel weich sind (nach etwa 8-12 Minuten). Zum Servieren jeden Apfel in eine flache Des-sertschale legen. Auf jeden Apfel süße Tofusoße geben und Mandelsplitter (roh oder geröstet) darüberstreuen. Warm oder bei Zimmertemperatur servieren.

*1/3 Ts Mandelsplitter,*
*24 ganze*
*Gewürznelken,*
*6 mittelgroße Äpfel*
*(Golden Delicious,*
*gewaschen und ohne*
*Kerngehäuse),*
*1/2 Ts Apfelsaft,*
*1 Ts süße Tofusoße (sie-*
*he folgendes Rezept)*

### Süße Tofusoße

Tofu, Ahornsirup, Apfelsaft, Mandelextrakt mixen, bis die Mi-schung glatt und sahnig ist.

*1 Ts Tofu,*
*1/4 Ts Ahornsirup, 1/2*
*Ts Apfelsaft,*
*1 Tl Mandelextrakt*

**157**

## Empfehlenswerte Rezeptbücher

*Baumgardt, Hans,* »Ohne Fleisch gesund leben«, Waldthausen Verlag

*Diamond, Harvey und Marilyn,* »Fit fürs Leben«, Teil I und II, Waldthausen Verlag

*Diamond, Marilyn,* »Neue Eßkultur mit SonnenKost«, Waldthausen Verlag

*Diamond, Marilyn,* »Fit fürs Leben-Kochbuch«, Goldmann Verlag

*Dries, Jan und Inge,* »Lebensmittel richtig kombinieren«, Waldthausen Verlag

*Ehret, Prof. Arnold,* »Die schleimfreie Heilkost«, Waldthausen Verlag

*Immerman, Dr. Alan M.,* »Vertrauen Sie Ihren Selbstheilungskräften«, Waldthausen Verlag

*Murray, Dr. Michael T.,,* »Das neue Saftbuch«, Waldthausen Verlag

*Rütting, Barbara,* »Koch- und Spielbuch für Kinder«

*Rütting, Barbara,* »Mein Kochbuch – Naturgesunde Köstlichkeiten aus aller Welt«

*Walker, Dr. Norman W.,* »Frische Frucht- und Gemüsesäfte«, Waldthausen Verlag

*Walker, Dr. Norman W.,* »Natürliche Gewichtskontrolle«, Waldthausen Verlag

*Walker, Dr. Norman W.,* »Täglich frische Salate«, Waldthausen Verlag

**158**

# Nachwort

**V**ictoria Morans Buch ist ein Plädoyer für eine natürliche, gesunde Lebensführung ohne Zwänge. Möglich ist das nur, wenn die eigene Wertschätzung in Form von Liebe zu sich selbst entwickelt werden kann; denn nur wer sich selbst lieben kann, ist auch fähig, Liebe abzugeben. Wer liebt, befindet sich in Einklang mit sich selbst und der Umwelt und damit in Harmonie.

Harmonie gehört zu den 19 Lebensbedürfnissen, die von der natürlichen Gesundheitslehre als elementar eingestuft werden. *Victoria Moran* spricht viele dieser Bedürfnisse an: Gute Ernährung, so natürlich wie möglich, gehört genauso dazu wie eine saubere Umwelt und ein kreatives selbstbestimmtes Leben. Die Autorin wurde von so wichtigen und populären Vertretern der natürlichen Gesundheitslehre wie *Marilyn* und *Harvey Diamond* (Autoren des Bestsellers »Fit für´s Leben«) inspiriert.

*Die natürliche Gesundheitslehre ist eine Anleitung zum gesunden Leben*

Die natürliche Gesundheitslehre ist eine Lebensphilosophie, die sich durch keine religiöse oder ideologische Richtung einengen läßt. Sie zeigt uns einen Weg auf, den zu gehen bereits das Ziel ist. Die natürliche Gesundheitslehre ist eine Anleitung zum gesunden Leben. Sie integriert alle Bereiche zu einem sinnvollen Ganzen. Man fühlt sich damit rundum wohl, lebt bewußter und bringt Leistungskraft und Wohlbefinden auf eine nie gekannte Höhe.

Informationen zur natürlichen Gesundheitslehre erhalten Sie über die Gesellschaft für natürliche Lebenskunde e.V., Postfach 1212, 27723 Worpswede

*Gudrun Dümer,* Heilpraktikerin

# Stichwortverzeichnis

# Literaturverzeichnis

*Albrecht, Mirko,* »Gemüse aus fremden Landen: Selbst anbauen und gesund zubereiten«, Fit fürs Leben- Zeitschrift 4/1996, S. 14

*Atlas, Nava,* »The Essential Guide to Grains«, Vegetarian Times, 1989 (8)

*Barnard, Dr. Neal,* »The Power of your Plate« (Die Macht des Tellers)

*Baumgardt, Hans,* »Gesunde Kinder durch natürliche Lebensweise«, Waldthausen Verlag

*Baumgardt, Hans,* »Ohne Fleisch gesund leben«, Waldthausen Verlag

*Baumgardt, Hans,* »Ursachen und Heilung von Allergien«, Waldthausen Verlag

*Besson, Dr. Philippe-Gaston,* »Dynamisch leben durch Säure-Basen-Gleichgewicht«, Waldthausen Verlag

*Brandmayer, Elke und Köhler, Dr. Bodo,* »Licht schenkt Leben. Lebensenergie und Gesundheit durch richtiges Licht«, Fit fürs Leben-Verlag

*Campbell, T. Colin,* »The Study on Diet, Nutrition and Disease in the People´s Republic of China«, Contemporary Nutrition 14:6, 1989

*Colditz, Gabriele,* »Exotisches Obst und Gemüse«, Ulmer Verlag

*Diamond, Marilyn und Harvey,* »Fit für´s Leben«, Waldthausen Verlag

»Diet and Stress in Vascular Disease«, Journal of the America Medical Association 176 (9) (1961): 806-807

*Kime, Dr. Zane R.,* »Sonnenlicht und Gesundheit«, Waldthausen Verlag

*Klaper, Michael,* »Vegan Nutrition: Pure and simple« (Veganernährung – Sauber und einfach)

*Liebster, Günter,* »Warenkunde Obst und Gemüse. Band 1«, Morian Verlagsproduktion

*Murray, Dr. Michael T.,* »Das neue Saftbuch«, Waldthausen Verlag

*Ornish, Dr. Dean,* »Dr. Dean Ornishs Programm zur Heilung von Herzkrankheiten«

*Trash, Agatha,* »Nutrition for Vegetarians« (Ernährungslehre für Vegetarier), New Lifestyle Books

*Walker, Dr. Norman,* »Frische Frucht- und Gemüsesäfte«, Waldthausen Verlag

*Whitaker, Julien M.,* »Reversing Diabetes« (Diabetes heilen), Warner Books

# Über die Autorin

**V**ictoria Moran schreibt seit zwanzig Jahren über Gesundheit, natürliche Lebensweise und praktische Spiritualität. Sie ist Mitherausgeberin der Zeitschrift »Vegetarian Times« Ihre Artikel sind außerdem in Zeitschriften wie »EastWest«, »American Health«, »Yoga Journal«, »Total Health« und »The Environmental Magazine« erschienen. Sie hält überall in den USA Vorträge und leitet Seminare über »Streicheleinheit Essen«. Sie lebt mit ihrer Tochter und drei Katzen in Stamford, Connecticut.

*Victoria Moran*

# Kontaktadressen

**E**s gibt zahlreiche Organisationen und Veröffentlichungen, die Ihnen helfen können, »Streicheleinheit Essen« zu einem Teil Ihres Lebens zu machen. Um Sie nicht mit Informationen zu überhäufen, ist die folgende Liste kurz. Wenn Sie sich diesen Gruppen anschließen und/oder Ihre Zeitschriften und Bücher lesen, kommen Sie auch mit anderen Quellen in Verbindung.

- Fit fürs Leben-Service, Postfach 1261,
  27718 Ritterhude
- Gesellschaft für natürliche Lebenskunde e.V.,
  Postfach 1212, 27723 Worpswede
- Institut für ganzheitliche Gesundheitsbildung,
  Darmentgiftung und Darmsanierung.
  Institutsleitung: Wolfgang Spiller u. Ralf Moll,
  Asternweg 7, 78052 Villingen-Schwenningen,
  Telefon 07721-24312
- Casa Vita, Dr. med. Petra Bracht,
  Am Hopfengarten 15, 60489 Frankfurt

# fit fürs Leben Verlag

**Energieschub aus dem Meer**

Meeresalgen:
Heilmittel und
Nahrung für
die Gesundheit

*Dr. med. Karel Probst* schildert in dem »Energieschub aus dem Meer« auf eindrucksvolle Weise, was Meeresalgen für unsere Gesundheit leisten können. Kein anderes Naturprodukt enthält so viele Mineralien, Spurenelemente, Aminosäuren und Vitamine wie Meeresalgen. Weit über 80 verschiedene Elemente sind nachweisbar.

Der Mensch wird durch Umweltgifte immer stärker belastet. Wissenschaftler haben herausgefunden, daß Meeresbraunalgen, zum Beispiel der Knotentang ascophyllum nodosum, eine sehr gute entgiftende Wirkung hat: der in der Alge enthaltene Pflanzenstoff Algin ist in der Lage, ca. 30% des Eigengewichts an Schwermetallen, wie zum Beispiel Amalgam, zu binden und über den Darm auszuscheiden.

128 Seiten, kartoniert ISBN 3-89526-015-0

Die ganzheitliche Darmsanierung durch die Colon-Hydro-Therapie zählt zu den wirkungsvollsten Methoden der Gesundheitsvorsorge. Dieser Ratgeber aus der Reihe »Ganzheitliche Medizin« wurde von sechs Medizinern geschrieben, die in ihrer Praxis sehr gute Erfahrungen mit dieser Form der Darmreinigung gemacht haben. Die Ursachen von Darmerkrankungen sowie ihre Behandlungsmöglichkeiten mit der Colon-Hydro-Therapie werden ausführlich beschrieben. Aber auch bei anderen Krankheiten, die oftmals nicht mit dem Darm in Verbindung gebracht werden, wie z.B. Allergien und Asthma, werden die beachtlichen therapeutischen Erfolge aufgezeigt, die durch eine Darmsanierung erzielt werden können.

128 Seiten, kartoniert ISBN 3-89526-016-9

**Das Buch der ganzheitlichen Darmsanierung**

Gesund durch
Colon-Hydro-
Therapie

**Licht schenkt Leben**

Lebensenergie
und Gesundheit
durch
richtiges Licht

Licht ist die eigentliche Quelle für alles Leben auf der Erde; es ist die Kraft, die das Leben in Gang setzt und die Energiequelle, die es aufrechterhält. Auch im Zeitalter des Ozonlochs und der schädigenden Sonneneinstrahlung gibt es Möglichkeiten, Körper und Seele mit gesundem Licht zu versorgen.

Das informative Buch der Medizin-Journalistin *Elke Brandmayer* und dem Naturheilarzt *Dr. med. Bodo Köhler* beschreibt ausführlich die Einflüsse, die Licht auf unsere Gesundheit hat sowie die heilende Wirkung von natürlichem und sonnenlichtanalogem Licht.

Anhand einiger weitverbreiteter Krankheiten wie Asthma, Osteoporose, Diabetes und anderen gesundheitlichen Beeinträchtigungen, stellen die Autoren die therapeutischen Möglichkeiten mit sonnenlichtanalogem Licht vor.

128 Seiten, kartoniert ISBN 3-89526-011-8

**Erhältlich in jeder Buchhandlung. Fordern Sie unser Gesamtverzeichnis an:**
**Stendorfer Straße 3 · 27718 Ritterhude · Tel. 04292 - 816344 · Fax 04292 - 816329**

# fit fürs Leben Verlag

**Die Heilkraft im Grapefruitkern**

bei
Pilzen, Viren
und Bakterien

Die therapeutischen Eigenschaften der Zitrusfrüchte sind seit vielen Jahren bekannt. Fruchtsäfte aus Grapefruits wirken belebend und sind Lieferanten von lebenswichtigen Vitaminen und Mineralien. Aufgrund seiner hervorragenden antiseptischen Eigenschaften und toxikologischen Unbedenklichkeit findet der Extrakt aus Grapefruitkernen in der Naturheilkunde zunehmend vielfältige Anwendungsmöglichkeiten.

*Dr. Candan Aypar* befaßt sich in seinem Ratgeber mit der Vorbeugung und Hilfe bei Pilz-, Virus- und Bakterienerkrankungen. Er schildert eine Vielzahl an pharmazeutischen und kosmetischen Anwendungen, die mit dem Grapefruitkern-Extrakt möglich sind.

128 Seiten, kartoniert ISBN 3-89526-014-2

Das erste Buch in deutscher Sprache, das über die älteste organische, nichtbehandelte Mikronahrung berichtet: über die blaugrünen Uralgen aus dem Klamath Lake in Oregon. Sie erfahren, wie Sie mit Hilfe der blaugrünen Kraft des Lebens Ihre mentale Fitness steigern, Ihr körperliches Wohlbefinden festigen, Ihr Immunsystem stärken und Ihre Ziele leichter erreichen können.

Außerdem lernen Sie eines der letzten Naturgebiete der Erde kennen: den Crater Lake Nationalpark, der unterirdisch die vielen Bäche und Quellen speist, die den Klamath Lake füllen. Dieses energetische Wasser bringt aus vulkanischen Tiefen die wichtigsten Mineralstoffe und Spurenelemente mit sich, welche die blaugrünen Mikroorganismen zur energiereichen Kraft und reinsten Nahrung machen.

128 Seiten, kartoniert ISBN 3-89526-013-4

**Blaugrüne Algen**

Supernahrung für
Körper und Geist

Von neuen »Öko-Venture«-Beteiligungsgesellschaften und Investmentfonds über den 1997 entwickelten Natur-Aktien-Index (NAX) bis zur Öko-Aktie »Tomra Systems«, bei der die Anlegerinnen und Anleger seit 1993 über 1300% Kursgewinn verbuchen konnten, reichen die Informationen in diesem Buch.

Auf über 300 Seiten finden die Leserinnen und Leser in diesem »grünen« Anlage-Ratgeber einen aktuellen und umfassenden Überblick über nahezu alle Öko-Investment-Möglichkeiten. Ein ausführlicher Serviceteil erleichtert es, eine maßgeschneiderte Anlage-Lösung für jeden Geldbeutel zu finden.

320 Seiten, kartoniert ISBN 3-89526-017-7

*in Vertriebsgemeinschaft mit dem Waldthausen Verlag*

**Erhältlich in jeder Buchhandlung. Fordern Sie unser Gesamtverzeichnis an:**
**Stendorfer Straße 3 · 27718 Ritterhude · Tel. 04292 - 816344 · Fax 04292 - 816329**

# Entdecken Sie die
# Selbstheilungskräfte Ihres Körpers!

## Werden Sie GesundheitsPraktiker/in!

### Entdecken Sie den
### Weg zu wirklicher Gesundheit!

*Lernen Sie, Ihren Körper zu Ihrem Arzt zu machen. Mit dem Fernlehrgang zum Gesundheits-Praktiker des Fit fürs Leben-Kollegs gelingt es Ihnen, in natürlicher Gesundheit zu leben – und nicht nur das: Als GesundheitsPraktiker/in können Sie Ihr Wissen bei Ausübung Ihres Berufes sowie in Seminaren und Kursen an Ihre Mitmenschen kompetent weitergeben.*

### Der Fernlehrgang
### vermittelt umfassendes Wissen

Der Fernlehrgang umfaßt 110 Studienbriefe, die sehr ausführlich auf der Basis gesicherten Wissens die natürliche Gesundheitslehre vermitteln. Sie haben damit die Möglichkeit, eigenverantwortlich Ihre Gesundheit zu erhalten. Das dazu erforderliche Wissen vermitteln die Studienbriefe allgemeinverständlich.

*Fernlehrgang
zum Gesundheits-
Praktiker*

### Weltweite Erfolge

Grundlage des Fernlehrgangs zum GesundheitsPraktiker ist die natürliche Gesundheitslehre, die in den USA entwickelt wurde und seit vielen Jahren mit großem Erfolg praktiziert wird. Der Mensch wird hier nicht nur als funktionierender Mechanismus betrachtet, sondern als ganzheitliches Lebewesen. Wichtigster Bestandteil dieser Gesundheitslehre ist die natürliche Lebensweise.

### Leichtes Lernen zu Hause

Der Fernlehrgang zum GesundheitsPraktiker des Fit fürs Leben-Kollegs führt Sie Schritt für Schritt zum Ziel. Sie können die Studienbriefe in aller Ruhe zu Hause durcharbeiten. Auf dem Weg zum Gesundheits-Praktiker stehen Ihnen unsere Studienleiter mit Rat und Tat zur Seite.

### Nutzen Sie die Gelegenheit,
### eine neue Lebensweise kennen-
### zulernen!

Mit dem Fernlehrgang zum Gesundheits-Praktiker haben schon viele Menschen den Weg zu einer natürlichen und gesunden Lebensweise gefunden. Nutzen Sie die Gelegenheit, die Vorzüge dieser Gesundheitslehre kennenzulernen.

*Nach
erfolgreicher Prüfung
erhalten Sie das GesundheitsPraktiker-
Diplom des Fit fürs Leben-Kollegs*

**Bitte schicken Sie mir kostenlos und völlig unverbindlich weitere Informationen über den Fernlehrgang zum GesundheitsPraktiker**

## fit fürs Leben Kolleg
Stendorfer Str. 3 · 27718 Ritterhude
Telefon: 04292/ 81 63 46 · Fax: 81 63 29

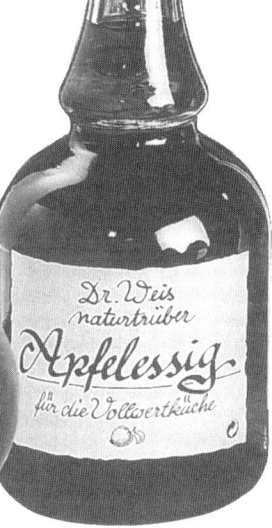

# Seeschlößchen
# Dreibergen

Ein Fit fürs Leben Hotel am Zwischenahner Meer

Das Seeschlößchen Dreibergen, Deutschlands erstes großes Nichtraucher- und Fit fürs Leben®-Hotel, liegt an der Sonnenseite des Zwischenahner Meeres. Im geschmackvollen Ambiente eines Vier-Sterne-Hotels fühlen Sie sich sofort wohl. Die Zimmer sind mit allem Komfort ausgestattet, den sich ein Gast wünscht, und die herrliche Umgebung lädt zu ausgedehnten Spaziergängen, Radtouren und Ausflügen ein. Auch zum Nordseestrand und den Inseln ist es nicht weit.

## genießen
### gut leben

Bei uns genießen Sie eine exzellente neue Eßkultur mit einem großen Anteil frischer Früchte und leckerer Salate sowie verschiedener Gemüsesorten aus natürlichem Anbau. Unter der Dauerbrause, im Tepidarium (Niedrigtemperatursauna), sowie auch im Solarium und in der Sauna können Sie entspannen. Im Friseursalon *Haarmonie* lassen Sie Ihre Haare pflegen und im Kosmetiksalon *Mirabelle* Ihre Haut verwöhnen.

## sich fit fühlen
### verwöhnt werden

### Seeschlößchen Dreibergen
Dreiberger Str. 21 - 23 • 26160 Bad Zwischenahn
Telefon (04403) 987 - 0 • Telefax (04403) 987 - 155